불확실성 하에서의

관계관리

Focal dyad & Dyadic !

수요부문의 불확실한 환경이 제조업체와 유통업체 간 상호 결속에
어떠한 메커니즘을 통해 영향을 주는지 밝히기 위한

불확실성 하에서의
관계관리

김상덕

Focal dyad & Dyadic !

Distribution

한국학술정보㈜

서 문

21세기에 들어서면서 국내 경제는 성장률이 둔화되고, 내수가 침체되어 회복의 기미가 보이지 않는 상태에 이르렀다. 이러한 상황에서 유통분야는 새로운 소매업태의 진출이 가속화되고 있으며, 가격할인의 열풍이 계속 몰아치고 있다. 제조업체 건 유통업체 건 관계없이 미래가 어떻게 변화할지 예측하기 어려우며, 환경의 변화에 효과적으로 대응하지 못한다면 기업의 성패를 장담하기 어렵게 되었다.

특히 오늘날과 같이 수요부문 환경이 불확실한 상황에서는 제조업체와 유통업체가 상호간 경쟁보다는 Win-Win 체제 구축을 통해 함께 대응해 나가는 것이 필수적이며, 이를 위해서는 상호간 관계결속이 선행되어야 한다. 다시 말해, 불확실한 환경을 위협으로 볼 것이 아니라 유통경로 구성원 간 결속 강화를 통해 대응해 나가야 한다.

본 저서는 이러한 상황에서 수요부문의 불확실한 환경이 제조업체와 유통업체 간 상호 결속에 어떠한 메커니즘을 통해 영향을 주는지에 관해 제시하고 있다. 이를 좀 더 구체적으로 말하면 첫째, 환경이 유통경로 구성원 간 관계특성에 어떠한 영향을 미치는지 제시하고 있다. 특히 본 연구는 다양한 환경의 부문 중 수요부문 환경의 불확실성에 초점을 맞추었다. 또한 본 저서는 환경에 의해 영향을 받은 관계특성이 어떠한 메커니즘을 가지고 유통경로 구성원 간 관계의 질에 영향을 미치는지 제시하고 있다. 특히 본 연구에서는 기존에 연구가 많이 이루어지지 않았던 관계특성 변수 중 힘의 구조, 영향전략, 경로분위기(협력)에 초점을 맞추었고, 관계의 질을 나타내는 변수는 상호 결속을 선정하였다.

본 저서는 결론적으로 시사점을 제시하고 있는데 첫째, 수요부문 환경 불확실성은 제조업체와 소매업체 모두에게 위협이 될 수도 있지만, 환경에 대응하기 위한 양자 간 협력을 강화하여 상호 결속을 증대시킬 수 있는 기회가 되고, 둘째, 제조업체는 힘의 우위를 이용해 소매업체와의 관계에서 이득을 취하려 하기 보다는 미래에 대한 청사진을 제시하고, 정보교환을 활발히 할 때, 다시 말해 비강압적 영향전략을 수행할 때, 소매업체와의 결속을 강화할 수 있다는 것이다.

본 저서는 2년에 걸쳐 저술하였다. 그 기간이 짧지 않았지만, 저자는 본 저서에 대해 아직도 부족함을 많이 느끼고 있다. 그럼에도 불구하고 본 저서를 세상에 내 놓는 데는 본 저서가 탄생하기까지 많은 도움을 주신 분들에 생각할 때, 용기가 생겼기 때문이다. 먼저 학문뿐 아니라 인생의 스승이신 오세조 교수님께 감사를 드린다. 그리고 본 저서를 쓰기까지 헌신적으로 도움을 주신 연세대학교 유통연구회 식구들에게도 감사를 드린다. 또한 출판을 도와준 강진이 선생님과 한국학술정보(주)에도 감사를 드린다. 무엇보다도 오늘날 저자가 있기까지 헌신적으로 희생한 아내에게 감사를 드린다.

2007. 2. 저자

차 례

서문 / 5

제1장 서론 / 11

제1절 문제 제기 ···11

제2절 연구 목적 ···13

제3절 분석 단위 및 연구 대상 ·································14

제4절 연구 방법 및 논문 구성 ·································15

  1. 연구 방법 ···15

  2. 논문 구성 ···15

제2장 이론적 배경 / 17

제1절 환경 연구 ···17

  1. 환경에 관한 초기 연구 ·····································18

  2. 거래비용 분석(Transaction Cost Analysis)에서의 환경연구 ·············19

  3. 자원기반 관점(Resource Based Perspective)에서의 환경연구 ··········22

  4. 정치경제 패러다임(Political Economy Paradigm)에서의 환경연구 ·····25

  5. 정보진행적 관점(Information Processing View)에서의 환경연구 ·······30

6. 힘 패러다임(Power Paradigm)에서의 환경연구 ·················31

7. 환경에 관한 국내 연구 ··33

제2절 사회교환 이론(Social Exchange Theory) ·················34

1. 사회교환 이론의 유통경로 연구에의 도입 ······················34

2. 사회교환 이론 개요 ··36

3. 사회교환 이론과 관계교환에 관한 연구 ·························43

제3절 힘-의존 이론(Power-Dependence Theory) ·············46

1. 힘의 개념 ··47

2. 힘의 원천과 사용 ··48

3. 힘의 불균형 ··51

4. 영향전략 ··53

제4절 화장품 전문점 유통경로의 현황과 관련 연구 ·············58

1. 화장품 전문점 유통경로의 생성배경 ·······························58

2. 화장품 전문점 유통경로의 현황 ·······································62

3. 화장품 전문점 유통경로에 관한 연구 ·····························67

제3장 연구 가설과 연구 모형 / 69

제1절 연구 가설 ···69

1.환경 불확실성이 내부정치 구조와 과정에 미치는
       영향에 관한 가설 ··69

2.내부정치 구조와 과정이 유통경로 구성원 간 영향전략에
       미치는 영향에 관한 가설 ···73

3. 관계특성이 관계의 질에 미치는 영향에 관한 가설 ·········77

제2절 연구 모형 ···81

제4장 연구방법 / 83

제1절 연구설계 ···83
  1. 정성연구 ···83
  2. 정량연구 ···83
제2절 변수의 조작적 정의 및 측정 ··················85
  1. 변수의 조작적 정의 ································85
  2. 변수의 측정 ···86
제3절 조사 대상의 특성 ·····························88
제4절 자료분석 및 가설검정 ·······················90
  1. 변수의 신뢰성 ··90
  2. 변수의 판별타당성 ·································90
  3. 변수의 수렴타당성 ·································92
  4. 연구 모형 및 가설검정 ··························94

제5장 결론 / 99

제1절 연구결과 ···99
제2절 경영학적 함의 및 연구 공헌 ···············100
제3절 연구의 한계 및 향후 연구 방향 ···········101

참고문헌 / 103

부록 1. 화장품 전문점 의식조사 / 118
부록 2. 화장품 시판영업 경쟁력 강화를 위한 설문조사 / 122

제1장 서론

제1절 문제 제기

제한된 자원과 능력을 지닌 조직은 환경에 어떻게 대처할 것인가에 관심을 가져야 하며, 환경 변화에 수동적으로 적응하는 것을 넘어서 적극적으로 개입하여 환경의 불확실성을 완화시켜야 한다(Aaker 1984).

이때, 기업환경의 변화는 기업을 둘러싼 환경의 불확실성으로 나타난다. 이러한 환경 불확실성은 기업의 존속과 직접적으로 연결되어 있는데 기업의 존속은 그것이 직면한 주요한 불확실성과 자원의존에 대해 기업조직이 어떻게 대처하느냐 하는 능력에 달려 있다(오세조, 심종섭 1990).

특히 제품의 공급체인(supply chain) 구성원인 원재료 공급업체, 제조업체, 유통업체 간의 긴밀한 협력을 통해 불확실한 환경에 대응해 나가는 것은 이제 기업이 살아 남기 위한 필수 요건이 되었다. 이러한 기업간 협력은 공급업체와 제조업체 간, 제조업체와 유통업체 간 모두에서 활발히 일어나고 있지만 수요부문의 불확실성, 경쟁부문의 불확실성이 매우 심해 가고 있는 현 시점에서는 제조업체와 유통업체 간 Win-Win 협력관계 구축이 중요한 이슈로 대두되고 있다(오세조 외 2003).

요컨대, 제조업체와 유통업체는 서로간의 긴밀한 협력관계 하에서 불확실한 환경에 효율적이며, 효과적으로 대처하여야 공동의 발전을 도모할 수 있다.

하지만 이러한 제조업체와 유통업체 간 협력관계의 중요성에도 불구하고, 이에 관한 연구는 여전히 부족한 상태이다. 특히 불확실한 환경 하에서 제조업체와 유통업체 간 협력적인 관계를 개발하고 강화하기 위한 연구는 매우 미흡한 상태이다.

이는 환경에 관한 연구의 부족이 그 원인이라 할 수 있고, 환경 관련 연구의 부족은 환경의 경영학적 함의를 찾기 어려운 데서 그 원인을 찾을 수 있다.

물론 Etgar(1977) 이후 일부 학자들에 의해 환경의 중요성이 강조되었다(Achrol, Reve, and Stern 1983, Fraizer 1983, Kotler 1984, Aaker 1984, Dwyer and Welsh 1985, Dwyer, Schurr, and Oh 1987, Dwyer and Oh 1987a, Oh, Dwyer, and Dahlstrom 1990, 오세조, 심종섭 1990, 임영균 1990, 박종희 1993, Dutta, Heide, and Bergen 1999, Grewal and Dharwadkar 2002 등). 그들은 환경을 불확실성, 이질성, 역동성, 집중성, 풍요성, 변덕성 등 다양한 차원으로 구분하여 각각의 환경이 유통경로의 구조와 과정에 미치는 영향을 연구하였다. Dwyer, Schurr, and Oh(1987)는 갈등과 협력, Fraizer(1983)은 힘-의존관계, Dutta, Heide and Bergen(1999)은 경제 효율성 관점으로부터 환경 불확실성과 환경적 자원에의 의존성에 관한 함의를 찾았고, Dwyer and Oh(1987), 오세조(1990), 오세조, 심종섭(1990), 임영균(1990), 박종희(1993) 등은 환경의 다양한 차원이 유통경로 구조의 내부정치경제에 미치는 영향을 연구하였다.

그러나 이상의 연구들은 두 가지 문제점을 가지고 있다. 첫 번째 문제점은 환경이 유통경로에 영향을 미치는 메커니즘에 관한 연구가 다양한 관계특성 측면에서 연구되지 않았다는 것이다. 이는 환경이 어떠한 메커니즘을 가지고 유통경로 구성원 간 관계의 질에 영향을 미치는지에 대한 이해를 어렵게 하고, 환경 변화에 대한 대응방안을 찾기 어렵게 하여, 경영자가 환경에 수동적인 대응을 하게 하는 원인이 되기도 하였다. 물론 몇몇 연구들은 이러한 메커니즘을 찾으려 노력하였다. 예를 들어, Dwyer and Oh(1987)는 관료적 구조화, 임영균(1990)은 힘의 원천과 활성화 등을 통해 환경이 유통경로에 영향을 주는 것으로 연구하였다. 하지만 이들 연구 또한 환경의 영향 메커니즘을 모두 설명하기에는 부족하였다. 이는 유통 경로 구성원 간 지배구조, 힘-의존 관계, 영향전략, 경로분위기 등 다양한 관계특성 변수들과 관계 규범 등과 같은 관계의 질 변수들이 영향 메커니즘으로서 연구되어야 함을 의미한다.

기존 연구들이 지닌 두 번째 문제점은 연구의 관점이 구매자 또는 판매자,

공급업체 또는 유통업체 등의 일방향 관점에서 시도되었다는 것이다. 하지만 유통경로의 관계는 거래 당사자 간의 교환이 발생하는 상호(dyadic) 관점을 요구한다(Achrol, Reve and Stern 1983). 특히, 신뢰, 결속, 장기지향성 등과 같은 유통경로 연구의 주요한 구성개념들이 구성원 상호간 교환을 통해 어떻게 형성되는지는 구성원 양쪽 모두로부터 측정되는 것이 바람직하다(Kim 2000). 따라서 유통경로 구성원 간 관계에 관한 연구는 가능한 한 상호 관점을 통해 수행되어야 할 것이다.

제2절 연구 목적

본 연구는 수요부문의 불확실한 환경이 제조업체와 유통업체 간 상호 결속에 어떠한 메커니즘을 통해 영향을 주는지 밝히는 것을 그 주요 목적으로 하고 있다. 이를 좀 더 구체적으로 말하면 본 연구의 목적은 첫째, 환경이 유통경로 구성원 간 관계특성에 어떠한 영향을 미치는지 발견하는 것이다. 특히 본 연구는 다양한 환경의 부문 중 수요부문 환경의 불확실성에 초점을 맞추었다. 이는 본 연구의 대상 산업인 화장품 전문점 유통경로의 전문점 경영자와 제조업체 영업사원을 대상으로 한 심층면접과 그룹토의 결과 수요부문의 환경 불확실성이 경로 구성원 간 관계에 가장 큰 영향을 미치는 것으로 나타났기 때문이다. 심층면접 및 그룹토의에 관한 자세한 사항은 제4장 연구방법론에 설명하였다.

본 연구의 두 번째 목적은 환경에 의해 영향을 받은 관계특성이 어떠한 메커니즘을 가지고 유통경로 구성원 간 관계의 질에 영향을 미치는지 발견하는 것이다. 특히 본 연구에서는 이 메커니즘을 연구함에 있어 기존에 연구가 많이 이루어지지 않았던 관계특성 변수 중 힘의 구조, 영향전략, 경로분위기(협력)에 초점을 맞추었고, 관계의 질을 나타내는 변수는 상호 결속에 초점을 맞추었다. 이 또한 전문점 경영자와 제조업체 영업사원을 대상으로 한 심층면접과 그룹토의 결과 그 중요성이 강조되었던 개념들과 일치한다.

본 연구는 이상의 두 가지 목적을 달성하기 위해 핵심 거래 당사자(focal dyad)인 전문점과 제조업체 간의 상호(dyadic) 관점에서 연구를 수행하였다.

제3절 분석 단위 및 연구 대상

앞서 간략히 언급하였듯이 본 연구의 분석단위는 제조업체와 소매업체 간 상호관계(dyadic relationship)이고, 연구 대상은 화장품 전문점 유통경로이다.

먼저 본 연구에서 제조업체와 소매업체 간 상호관계를 선정한 이유는 그 중요성에 비해 연구가 적게 수행된 분야이기 때문이다.

과거 유통 경로 연구의 분석단위는 유통경로 구성원들 간(Morgan and Hunt 1994), 소비자와 유통업자 간(Sheth and Parvatiyar 1995), 서비스 제공자와 고객 간(Berry 1995), 생산자와 공급자 간(Kalwani and Narayandas 1995), 공급체인 구성원들 간(Cimchi-Levi and Kaminsky 2000), 국제 유통경로 구성원들 간(Armstrong and Yee 2001)으로 발전되어 왔다.

하지만 최근 환경의 불확실성이 가장 크게 나타나는 부문이 수요부문이고, 강력한 소매상(power retailer)이 등장하면서 유통경로 상의 지배력이 제조에서 소매로 넘어가고 있기 때문에(오세조, 박진용 2001), 환경의 불확실성으로 인해 거래 당사자 간 관계특성과 관계의 질에 영향을 많이 받는 것이 독립적인 제조업체와 소매업체 간 관계라고 볼 수 있다.

이와 같은 이유로 연구의 분석단위를 제조업체와 소매업체 간 관계로 선정하였다. 물론 제조업체와 소매업체 간 연구의 중요성에도 불구하고 Murry and Heide(1998) 이외에는 연구가 부족한 것도 선정 이유 중 하나이다.

다음으로 본 연구에서 화장품 산업을 선정한 이유는 최근 급속한 매출 하락을 겪고 있는 전문점이 가지고 있는 가장 큰 문제점이 환경의 불확실성으로 인한 유통경로 구성원 간 관계결속의 약화에서 기인하고 있기 때문이며(오세조 외 2003), 화장품 산업이 유통경로의 지배력이 제조업체에서 소매업체로 이동하고 있는 제품수명주기 상 성숙기에 처한 산업이라는 점 때문이다(오세조, 박진용 2001). 화장품이 권유판매의 비율이 높아서 제조업체와 소매업체 간 관계관리가 중요한 것(손영철 1998)도 화장품 산업을 선정한 이유이다.

제4절 연구 방법 및 논문 구성

1. 연구 방법

본 연구는 연구의 목적을 달성하기 위해 환경과 관계특성, 관계의 질에 관한 기존 연구들에 관한 포괄적인 문헌연구를 수행하였을 뿐 아니라, 연구 대상 산업의 유통경로 구성원들에 대한 심층면접 및 집단토의를 통해 실무적인 차원의 검증절차를 거쳤다. 이는 본 연구를 통해 학술적인 차원뿐 아니라 실무적인 차원에서도 공헌을 하기 위함이다.

이와 같이 이론적 그리고 실무적인 관점에서 해당 산업인 화장품 전문점 유통경로의 환경 불확실성과 관계특성, 그리고 관계의 질에 관한 가설을 설정하고, 포괄적인 연구모형을 도출하였다. 도출된 연구 모형은 설문조사를 통해 검증되었다.

설문조사는 상호관계(dyadic relationship) 관점에서 실제 거래 당사자 모두를 한 단위로 하여 실시되었으며, 수거된 설문지를 통해 자료 분석을 실시하였다.

자료분석은 분석 단위에 대한 기초통계분석 과정, 각각의 구성 개념에 대한 신뢰성과 타당성 분석 과정, 공변양 구조분석을 통한 모형 및 가설검정 과정을 통해 수행되었다.

자세한 연구 방법은 '제4장 연구방법'에 나타나 있다.

2. 논문 구성

본 연구는 총 다섯 개의 장으로 구성되어 있다. 각 장의 주요 내용을 간략

하게 살펴보면, 제1장은 서론 부분으로서 제1절 문제 제기, 제2절 연구 목적, 제3절 분석 단위 및 연구대상, 제4절 연구 방법 및 연구 구성에 대해 언급되고 있다.

제2장은 연구의 이론적 배경 부분으로서 본 연구의 배경이 되고 있는 환경에 관한 연구들(제1절)을 정리하고, 제2절 사회교환 이론과 제3절 힘 – 의존 이론에 대한 고찰을 실시한다. 아울러 본 연구의 대상 산업인 화장품 전문점 유통경로의 현황과 관련 연구들(제4절)을 살펴본다.

제3장은 본 연구의 핵심 부분으로서 수요부문 환경의 불확실성이 제조업체와 소매업체 간 관계특성과 관계의 질에 미치는 영향에 관한 가설을 수립(제1절)하고 모형을 설정(제2절)하고 있다. 연구모형은 크게 두 개의 가설 군으로 이루어졌는데, 첫째는 환경 불확실성이 관계특성에 미치는 영향에 관한 가설들이고, 둘째는 관계특성이 관계의 질에 미치는 영향에 관한 가설들이다.

제4장은 연구방법 부분으로서 본 연구의 전체적인 연구설계(제1절)에 관한 설명을 하고 있고, 제2절에서는 연구모형에 나타난 구성 개념들에 대한 변수의 조작적 정의를 실시하고 있으며, 제3절은 분석단위별 자료분석을 정리한 것이다. 자료분석은 먼저 분석단위별 기초통계분석을 통해 자료의 전반적인 모습을 살펴보고, 척도의 신뢰성과 타당성 분석을 통해 구성개념을 정확히 측정했는지 제시하고 있으며, 제3장에서 도출된 연구가설과 연구모형을 검정하고 있다.

마지막으로 제5장은 결론 부분으로서 제4장에서 분석한 연구결과를 다시 한 번 요약 정리하고(제1절), 연구 결과의 경영학적 함의를 찾으며(제2절), 연구의 한계 및 향후 연구 방향을 제시하고 있다(제3절).

제2장 이론적 배경

본 장은 환경 불확실성이 유통경로 구성원 간 관계특성과 관계의 질에 미치는 영향에 관한 기존 연구들과 본 연구의 연구대상 산업인 화장품 전문점 유통경로의 현황 및 문제점을 종합 정리하고 있다. 본 장에서 다루게 될 이론은 크게 세가지로 구분할 수 있는데, 먼저 유통경로 분야에서의 환경에 관한 연구들이 제1절에서 언급되고, 다음으로 본 연구의 핵심 배경이론이라 할 수 있는 사회교환이론(제2절), 힘-의존 이론(제3절)이 종합 정리되고 있으며, 마지막으로 화장품 전문점 유통경로의 현황과 관련 연구들을 소개하고 있다.

제1절 환경 연구

환경은 경영자로 하여금 불확실성에 처하게 한다(Brown, Lusch and Koening 1984). 이로 인해 제한된 자원과 능력을 지닌 조직은 이들 환경에 어떻게 대처할 것인가에 관심을 가지지 않을 수 없으며, 전략적 마케팅에서는 환경변화에 수동적으로 적응하는 것을 넘어서서 환경변화에 적극적으로 개입하여 환경의 불확실성을 완화시키려 한다(Aaker 1984).

하지만 환경 불확실성이 기업경영을 어렵게 만드는 요인으로만 작용하는 것은 아니다. 유통경로와 같이 조직간 연결로 이루어진 시스템에서 환경 불확실성은 조직간 거래의 관계를 형성시키고 발전시키는 동기가 되기도 한다(Cannon and Perreault Jr. 1999). 다시 말해, 외부 환경이 불확실할 때 다른 조직과 긴밀한 유대관계를 맺어 놓음으로써 조직에 필요한 자원을 안정적으로 공급받고 외부 환경적 불확실성을 감소시킬 수 있는 것이다. 따라서 환경에 관한 연구는 유통경로의 관계특성과 관계의 질을 연구함에 있어서 중요한 선행 변수라 할 수 있다.

과거 유통분야에서 연구되었던 환경 관련 연구들을 종합해 보면, Guiltinan (1974), Etgar(1977) 등의 초기 연구에서 시작하여, Anderson(1985, 1988), John and Weitz(1989), Heide and John(1990), Noordewier, John, and Nevin(1990), Weiss and Anderson(1992) 등의 거래비용 분석(Transaction Cost Analysis), Pondy(1970), Staw and Szwajkowski(1975), Pfeffer and Salancik(1978), Scott(1987) 등의 자원기반 관점(Resource Based Perspective), Zald(1970), Stern and Reve(1980), Achrol, Reve, and Stern(1980, 1983), Achrol and Stern(1988) 등의 정치경제 패러다임(Political Economy Paradigm)을 이용한 연구들이 있다.

이 중 Achrol, Reve, and Stern(1983)의 연구 이후 정치경제 패러다임을 이용한 연구가 유통경로의 환경에 관한 연구의 주류를 이루었는데, 정치경제 패러다임은 Anderson and Weitz(1986), Achrol and Stern(1988), Glazer and Weiss(1993) 등의 정보진행적 관점(Information Processing View)과 Dwyer and Welsh(1985), Dwyer and Oh(1987a), Oh, Dwyer, and Dahlstrom(1990) 등 힘의 패러다임(Power Paradigm)을 이용한 연구로 발전하였다.

1. 환경에 관한 초기 연구

유통경로 분야에서의 환경에 관한 연구는 1970년대에 시작되었다. 대표적인 초기 학자로는 Guiltinan과 Etgar 등이 있는데, Guiltinan(1974)은 경로시스템 진화모형을 통해 산업 내에서의 시장 및 경쟁 구조의 변화에 따라 유통경로 시스템의 변혁이 일어난다고 주장하였고, Etgar(1977)는 환경의 희소성(scarcity), 변덕성(volatility), 경로 간 경쟁, 셀프서비스 기술 수준이 변하는 환경에서 공급자 주도적인 유통경로 내 의사결정의 집중화와 리더십의 정도 등에 관해 연구하였다.

이 중 향후 연구에 많은 참고가 되었던 Etgar의 연구를 살펴보자.

가. Etgar(1977)의 연구

Etgar는 제품수명주기에 따라 기술 환경이 변화하면서 유통경로의 과정 (process)들이 변화되는 것을 발견하였다. 그의 연구에 의하면 제품수명주기의 초기 유통경로 과정들은 중앙집중화된 통제를 받지 않고, 창의적이고 개인적인 노력이 요구되는 반면, 쇠퇴기의 유통경로는 경로간 경쟁이 심화되고, 매출유지와 물류기능에 관심이 늘어나면서, 효율성과 생존을 위한 표준화와 집중화를 추구하게 된다.

Etgar는 희소성과 수요의 변덕성, 경로간 경쟁, 셀프서비스 기술 등의 환경이 변할 때, 공급자 주도적인 유통경로 내의 공급자의 관리적 통제에 영향을 주어 의사결정의 집중화에도 변화가 일어나는 것을 발견하였다. 그의 연구에 의하면 수요가 불안정하면 경로 구성원들이 상대적으로 더 높은 위험을 지각하게 되므로 위험을 감소시켜줄 수 있는 경로 선도자의 중요성이 증가되고, 따라서 경로 선도자의 통제가 증가된다.

Etgar는 정준상관분석의 전반적인 패턴을 통해 그의 주장을 설명하였는데, 경로 선도자의 통제는 성장적인 수요보다는 쇠퇴적인 수요 상황에서, 안정적인 수요보다는 불안정적인 수요 상황에서, 그리고 경로간 경쟁상황이 약할 때보다는 강할 때 더욱 강하게 나타났다. 다시 말해 유통경로가 위협적인 환경에 처할 때 경로 선도자의 리더십이 나타났다.

그의 연구는 환경변수를 측정할 때 단일항목으로 측정하였다는 한계를 가지고 있지만 환경의 유통경로의 과정에 대한 영향을 최초로 연구하였다는 데 의의를 지니고 있다.

2. 거래비용 분석(Transaction Cost Analysis)에서의 환경 연구

과거 10여 년간 거래비용 분석(Transaction Cost Analysis; TCA)이 유통경로 연구에 광범위하게 적용되어 왔다(Rindfleisch and Heide 1997). 비록 거래

비용 분석이 Williamson, Joskow 등과 같은 경제학자들에 의해 정교화 되었지만 경제학을 넘어서 사회학, 정치학, 조직이론, 계약법, 사업전략, 기업재무 등 다양한 학문 분야에 채용되었고, 마케팅 분야에도 Anderson(1985)에 의해 도입되었다.

최근 이루어진 거래비용 분석을 이용한 연구들은 대부분 실증연구인데, 이 실증연구의 상당 부분이 마케팅 분야에서 일어나고 있다. 예를 들면 수직적 통합 의사결정(Anderson 1985, John and Weitz 1988), 해외시장 진입 전략(Anderson and Coughlan 1987, Klein, Frazier, and Roth 1990), 판매원 통제 및 보상 (Anderson 1985, John and Weitz 1989), 산업재 구매 전략(Noordewier, John, and Nevin 1990, Stump and Heide 1996), 유통경로 관리(Anderson and Weitz 1992, Heide and John 1988) 등이 있다.

이처럼 마케팅 분야에서 다양하게 적용되고 있는 거래비용 분석은 유통경로 내 환경에 관한 연구에도 활용되고 있다.

다음 〈그림 2-1〉에 나타난 것처럼 거래비용 분석의 체계가 제한된 합리성, 기회주의적 속성이라는 인간적인 요인과 불확실성, 소수 거래자라는 환경적인 요인을 포함하고 있기 때문에 유통경로 분야의 환경에 관한 연구는 주로 환경 불확실성에 맞추고 진행되었다.

〈그림 2-1〉 거래비용 분석의 체계

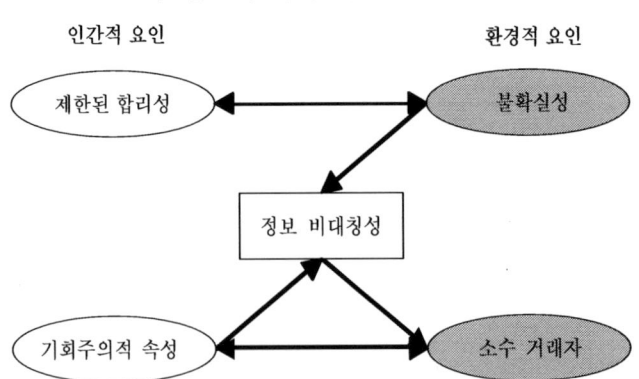

유통경로의 환경에 관한 연구로는 Anderson(1985, 1988), John and Weitz(1989), Heide and John(1990), Noordewier, John, and Nevin(1990), Weiss and Anderson(1992) 등의 연구가 대표적이라 할 수 있다.

가. Anderson과 동료들의 연구

Anderson과 그의 동료들(Anderson 1985, 1988, Anderson and Schmittlein 1984, Weiss and Anderson 1992)은 전자부품 산업 판매관리자를 표본으로 한 수 차례의 연구를 통해 환경 불확실성이 유통경로에 미치는 영향을 연구하였다. 연구 패러다임으로 거래비용 분석을 사용했던 이 연구들은 환경 불확실성이 '직접판매 vs. 제조업체 판매지점 사용' 의사결정(Anderson and Schmittlein 1984, Anderson 1985), 판매원의 기회주의 수준(Anderson 1988), 제조업체 판매 대리인에 대한 불만과 직접판매로의 전환의향(Weiss and Anderson 1992)에 미치는 영향에 대해 연구하였다.

상기의 연구들에 의하면 환경이 불확실할수록 판매원의 기회주의가 증가하여, 판매관리자는 직접판매 방식(수직적 통합 또는 내부화)을 선호하는 것으로 나타났다. 이는 환경 불확실성이 유통경로의 구조에 영향을 주고 있음을 말해주고 있다.

나. John과 동료들의 연구

John과 그의 동료들(John and Weitz 1988, Heide and John 1990, Noordewier, John, and Nevin 1990)은 산업재 제조업체를 표본으로 한 수 차례의 연구를 통해 환경 불확실성 즉 구매량 및 기술적 불확실성이 유통경로 구조에 미치는 영향을 연구하였다.

그들 연구의 초점은 환경 불확실성이 제조업체의 직접 유통경로를 이용하려는 전방통합 수준(John and Weitz 1988), 유통업체와의 관계 지속에 대한 기대 수준(Heide and John 1990), 소유와 획득 비용(possession and acquisition cost)의 수준(Noordewier, John, and Nevin 1990)에 미치는 영향에 대해 연구하였다.

상기의 연구들에 의하면 환경이 불확실할수록 유통 업체에 대한 검증 노력을 많이 하게 되고, 관계 지속에 대한 기대 수준이 낮게 되어, 제조업체의 전방통합 의도가 증가하는 것으로 나타났다. 하지만 구매자와 판매자 간의 관계적인 지배구조(relational governance) 수준이 높을 경우 불확실성 하에서 획득비용이 낮아지는 것을 발견하였다. 이 또한 환경 불확실성이 유통경로의 구조에 영향을 주고 있음을 말해 주고 있다.

요컨대, 거래비용 분석을 이용한 유통경로의 환경에 관한 연구들은 환경의 불확실성이 유통경로의 구조에 어떻게 영향을 주는지를 주로 연구하였으며, 연구결과는 환경이 불확실할수록 *Markets*보다는 *Hierarchies*를 추구하게 된다는 Williamson(1975)의 거래비용 이론과 일관성을 보이고 있다.

3. 자원기반 관점(Resource Based Perspective)에서의 환경 연구

자원기반 관점의 시각은 기업이 경쟁전략을 통해 경쟁우위를 창출하고 지속시키는 과정을 기업이 보유한 특이한 자원의 속성에서 찾으려고 하는 점이 그 특징이라고 할 수 있다. 즉 기업 전략에서 수요자 측면보다는 공급자 측면을 강조한다. 1980년대에 관심이 집중되었던 산업조직론에 입각한 시장 중심적인 접근과는 달리, 자원기반 관점에서는 경쟁력 확보를 기업의 독특한 역량이라는 관점에서 파악하고 있다. 이런 점에서 산업조직론을 보완하려는 측면이 있다(Conner 1991, Mahoney and Pandian 1992).

Pondy(1970), Pfeffer and Salancik(1978), Staw and Szwajkowski(1975) 등에 의해 체계화된 자원기반 관점은 Dwyer and Oh(1987) 등에 의해 유통경로 연구에 활용되었다.

이러한 자원기반 관점에서의 연구는 (1) 유통시스템의 성공에 결정적인 자원의 상대적인 풍요성과 희소성, (2) 환경이 초래하는 기회와 제약에 대한 유통경로 구성원들의 반응에 관심을 두면서 환경을 자원의 축적(stock of resources)으로 간주하고 있다(Dwyer and Oh 1987).

이때 자원의 희소성은 희소자원에 대한 경쟁을 강조하여 그룹간 갈등에 영향을 줄 수 있고, 공동 의사결정에 대한 필요성을 야기할 수 있다(Pondy 1970). 뿐만 아니라 자원의 희소성은 조직들로 하여금 불법적인 행동을 자행하게 하는 경향에 영향을 주기도 한다(Staw and Szwajkowski 1975).

본 연구에서는 자원기반 관점에 의한 유통경로 환경에 관한 연구로 대표적이라 할 수 있는 Pfeffer and Salancik(1978)의 연구와 Dwyer and Oh(1987)의 연구를 통해 환경에 대한 자원기반 관점의 함의를 찾아보겠다.

가. Pfeffer and Salancik의 연구

Pfeffer and Salancik(1978)은 조직의 환경이 주어진 실체가 아니라 주의와 해석 과정을 통해 창조되므로, 환경이 행위에 영향을 주기 위해서는 관찰, 주의, 지각의 과정이 필요하다는 규정적 환경론(enacted environment)을 가지고 있다. 즉, 환경은 개인의 지각체계에 따라 다르게 지각될 수 있는 것이며, 선택된 지각이나 왜곡된 지각현상도 나타날 수 있다.

그들에 의해 체계화된 자원기반 관점은 Emerson(1962)의 힘의 이론(Power Theory)에 대응한 이론으로 풍요성(munificence) 또는 수용성(capacity)을 환경의 핵심적인 특성의 하나로 주장하고 있다. 이때 풍요성이란 결정적인 자원의 가용성(availability)과 풍부함(richness)을 의미하며 희소성(scarcity)과 대비되는 개념이다.

Pfeffer and Salancik(1978)의 연구에 의하면 환경은 희소하거나 풍부할 수 있고, 여러 가지 방법으로 분배될 수 있다. 이때 환경의 풍요성은 사회시스템 내의 갈등에 영향을 주고 일반적으로 조직은 그들이 원하는 자원을 통제하는 조직에 의해 영향 받을 수 있다. 이로 인해 환경은 거래 당사자들에 대한 의존성을 야기시키고, 정보처리의 짐도 부과한다.

이러한 현상은 사회적 행위자(social actors)간 관계로 이루어진 유통경로에서도 발생하는데, 유통경로도 조직처럼 그들의 생존과 성공이 협상능력, 고객, 상품구색, 노동력, 기술 등 조직 내적인 자원뿐 아니라 환경의 특성과 환경 불확실성과 같은 외적인 자원에 의해 그 구조와 과정이 영향을 받는다. 다시 말해서, 희소한 환경자원을 가지지 못한 경로 구성원은 환경 자원이 풍부한 경로 구성원에게 의존하게 되며, 자원의 획득을 위해 경로 구성원간 갈등이 발생한다.

Pfeffer and Salancik(1978)은 조직의 구조와 행위에 영향을 주는 환경 불확실성을 환경차원의 상호작용에 따른 산출물로 보고 환경차원을 환경의 구조적 특성과 환경 내 사회적 행위자 사이의 관계로 구분하고 있는데, 이때 환경의 차원을 집중성(concentration), 풍요성(munificence), 상호연계성(interconnectedness) 등으로 보았다.

그들은 이러한 환경자원의 차원들이 상호작용을 일으키면서 환경을 불확실하게 하고, 유통경로 내에서 경로 구성원 간 갈등과 상호의존에 영향을 준다고 주장하였다. 그리고 이러한 거래관계에서의 불확실성을 통제하기 위한 수단으로써 합병, 수직적 통합, 수평적 확장, 거래선 다변화 등의 전략적 대안을 제시하였다.

요컨대, 환경 불확실성은 환경자원을 풍부하게 가진 경로 구성원과 그렇지 못한 구성원들 간 힘과 의존 구조를 변화시키고, 협력 및 갈등과 같은 경로 분위기에도 영향을 준다.

나. Dwyer and Oh의 연구

자원기반 관점에 의한 유통경로 환경에 관한 또 한 가지 중요한 연구는 Dwyer and Oh(1987)의 연구라 할 수 있다. Dwyer and Oh(1987)는 외부 환경이 유통경로 내 내부 업무에 어떠한 영향을 미치는지 연구하면서 환경을 자원의 축적으로 간주하였다.

그들이 다루었던 환경의 부문은 수요부문(output sector)이었고, 환경 차원은 풍요성(munificence)이었는데, 그들은 수요부문 환경의 풍요성이 교환관계 내 상호의존성의 본질에 영향을 주고, 따라서 관계가 관리되는 양식(관료적 구조화; bureaucratization)에도 영향을 준다고 주장하였다.

그들이 연구하였던 관료적 구조화는 유통경로 구성원간 의사결정의 공식화(formalization), 참여화(participation), 집중화(concentration)였는데, 연구결과 유통경로의 수요부문 환경 풍요성이 증가할수록 경로 구성원 간 의사결정의 집중화와 공식화가 감소하게 되는 것으로 나타났다. 의사결정의 참여화는 환경의 풍요성과 정의 상관관계를 보였지만 통계적으로 유의적이지는 않았다.

한편, Dwyer and Oh(1987)는 환경의 유통경로 과정에 대한 연구를 함에 있어서 의사결정 메커니즘을 통한 관계의 질(relationship quality)에 관해서도 연구하였는데, 연구 결과 의사결정의 공식화와 참여화는 관계의 질을 강화하고, 집중화는 관계의 질을 약화시키는 것을 발견하였다. 이때 관계의 질은 유통경로 구성원간의 신뢰, 만족, 최소한의 기회주의 차원으로 구성되었으며, 이는 관료적 구조화의 영향을 받는 것으로 나타났다.

이와 같은 Dwyer and Oh(1987)의 연구는 환경 차원들이 조직간 관계에 있어 자원의 흐름이나 의존적 구조에 영향을 미친다는 힘의 패러다임(Power Paradigm) 에 의해서도 해석될 수 있다.

요컨대 유통경로를 둘러싼 환경은 유통경로의 구조뿐 아니라 의사결정 메커니즘 등과 같은 유통경로 과정에도 영향을 미친다고 할 수 있다.

4. 정치경제 패러다임(Political Economy Paradigm)에서의 환경 연구

환경이 유통경로에 미치는 영향에 관한 연구는 정치경제 패러다임을 도입하면서 본격적으로 이루어졌다. 이러한 정치경제 패러다임은 단속적이고 경제학적 관점에 바탕을 둔 기존의 유통연구 패러다임을 대체할 수 있는 새로운 패러다임으로 각광을 받았다.

이때 정치경제란 사회체계를 경제적 및 사회정치적 힘이 상호작용하는 행동과 성과의 단위로 구성되는 것으로 보아 경제적인 측면과 함께 사회정치적인 측면을 강조한다. 이 패러다임은 조직이론, 정치학, 사회교환이론, 기업이론, 거래비용이론에 근거한 것으로 사회단위를 부족한 자원의 교환을 위한 시장으로 보고 있다. 특히 분석 대상이 되는 사회 집단인 핵심사회집단을 내외 이해관계자의 정치적인 결속체로 보고 있다.

이와 같은 정치경제 패러다임은 Zald(1970)에 의해 유통연구에 도입되었고, Stern and Reve(1980), Achrol, Reve, and Stern(1983) 등에 의해 체계화 되었으며, 나중에 정보 진행적 관점(Information Processing View), 힘의 패러다임

(Power Paradigm) 등으로 발전하였다.

가. Zald의 연구

Zald(1970)는 유통경로의 외부와 내부 현상 간의 명확한 연결을 통해 정치적, 그리고 경제적 힘들 간 상호역할을 설명하였다.

그의 연구에 의하면 내부경제(internal economy)는 경로 시스템의 수직적 경제적 조정과 거래 기간을 결정하는 의사결정 메커니즘으로 정의되고, 내부정치(internal polity)는 경로 시스템 내의 힘의 분포, 협력과 갈등의 정도 등으로 구성되어 있으며, 외부경제(external economy)는 시장구조(market structure), 경쟁관계(competitive rivalry), 공급과 수요 상태의 변화성(variability), 집중성(concentration), 풍요성(abundance)을 포함한다. 마지막으로 외부정치 (external polity)는 핵심 경로(focal channel)의 목적과 사회적 합법성의 변화를 추구할 수 있는 시스템 외부의 동인(agent), 제휴(alliance) 등으로 구성된다.

나. Stern and Reve의 연구

Stern and Reve(1980)는 유통경로의 차원을 다음 〈그림 2-2〉과 같이 외부-내부, 정치-경제, 구조-과정으로 구분하였고, 핵심 경로 관계(focal channel dyad)는 경제적, 사회정치적 힘에 의해 영향을 받는 사회 시스템이라고 주장하였다.

〈그림 2-2〉 유통경로 분석을 위한 정치경제 패러다임

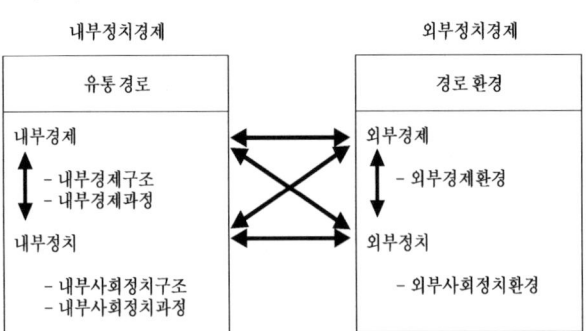

그림에 나타난 바와 같이 Stern and Reve는 유통경로를 외부정치경제와 내부정치경제로 구분하고, 외부정치경제의 구성요소가 서로 상호작용하며 내부정치경제의 조건을 규정한다고 보았다.

이때 외부정치경제가 본 연구의 관심인 외부환경이라고 볼 수 있는데, 외부경제는 수직적(공급부문, 수요부문), 수평적 시장의 형태로 설명될 수 있으며, 유망한 경제환경이 그 예이다. 또한 외부정치는 유통경로를 둘러싸고 있는 외부의 사회정치 시스템을 말하며 그 특성은 외부 행위자(actor) 사이에 힘의 분배와 사용에 의해 결정된다.

이러한 외부사회정치 환경에서는 환경 내에 힘을 행사하는 행위자의 형태, 외부 행위자와 핵심경로 사이의 힘의 관계와 통제수단, 외부 행위자 사이의 힘의 관계, 그리고 경로 구성원이 환경의 세력들에 의해 실제로 통제되는 정도 등을 분석하게 된다. 또한 핵심 관계(focal dyad)를 둘러싸고 있는 외부 행위자들이 환경에 포함되게 된다. 예를 들어, 유통경로의 수직적 흐름에 따라 공급업자와 소비자가 포함되며, 수평적으로 경쟁자, 협력자, 규제기관, 지원기관 등이 포함된다.

다. Achrol, Reve, and Stern의 연구

Achrol, Reve, and Stern(1983)은 유통경로의 구조와 과정을 이해하는 데 있어 조직 특수요인을 넘어서 환경의 영향을 이해하는 개념적 틀을 제시하였다. 그들은 유통경로 구성원 간 관계의 구조와 과정에 막대한 영향을 주는 외부(outside) 현상을 규명하고 차원화 하였으며, 그러한 현상들이 어떻게 채널 시스템 내부의 직무에 영향을 주는지 몇 가지 전제를 통해 제시하였다.

그들은 유통경로의 핵심 관계(focal dyad)를 둘러싼 환경을 1차적 과업환경(focal dyad를 포함한 공급자와 고객 간의 관계), 2차적 과업환경(공급자의 공급자, 고객의 고객, 관계에 영향을 주는 규제기관, 이해집단, 직간접 경쟁사), 거시환경(사회, 경제, 정치, 기술적 요인)으로 구분하였다. 그리고 이러한 과업환경 및 거시환경을 네 가지의 환경 부문(sector), 즉, 수요환경(output environment), 공급환경(input environment), 경쟁환경(competitive environment), 규제환경

(regulatory environment)으로 나누었다. 이를 그림으로 나타내면 다음 그림과
같다.

<그림 2-3> 유통경로 핵심 관계를 둘러싼 환경

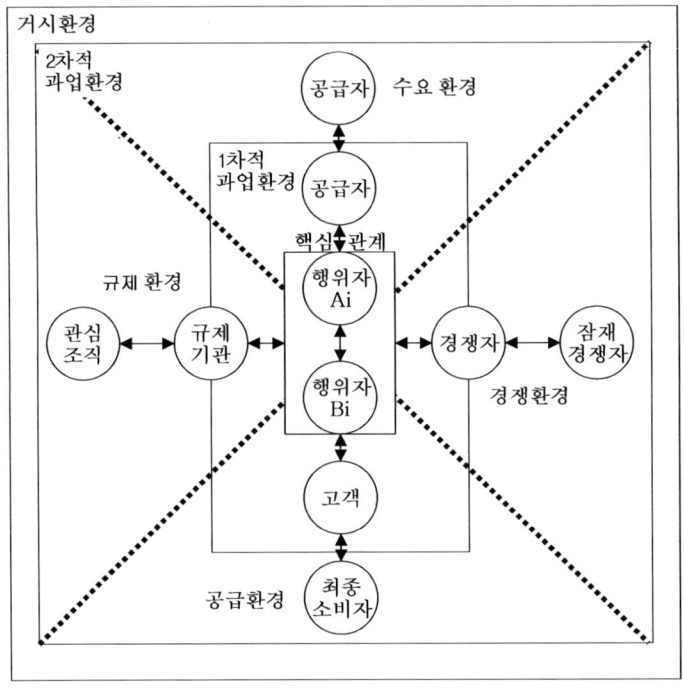

Achrol, Reve, and Stern(1983)은 위 그림과 같이 환경을 구분하고, 가변적인
환경적 질에 의해 불확실성이 증가한다고 주장하였다. 예를 들어, 과업환경이 풍
요롭고(being rich), 동질적이고(homogeneous), 안정적이고(stable), 분산되고
(dispersed), 교란될수록(turbulent) 불확실성이 증가하게 된다.

Achrol, Reve, and Stern(1983)은 다수의 전제(proposition)를 제시하면서
이와 같은 환경의 불확실성이 경로 시스템의 내부활동에 영향을 미친다고 주장
하였는데, 이 또한 예를 들면, 수요부문이나 공급부문의 불확실성이 어떻게 경로
간 갈등(P1), 수직적 조정노력(P2), 불확실한 자원에 대한 수직적 조정(P4), 불

확실성에 더 잘 대응하거나 더 잘 줄여 나가는 쪽으로의 힘의 이동(P3), 조정이 실패했을 때의 철수(P5)를 유발할 수 있는지 제시하였다.

그들이 제시한 10가지 전제를 표로 나타내 보면 다음 표와 같다.

〈표 2-1〉 환경이 유통경로의 내부정치경제에 미치는 영향에 대한 10가지 전제

전제	내용
P1	과업환경의 공급부문, 수요부문 불확실성이 높을수록 경로 관계(channel dyads) 내 갈등의 수준이 높아진다.
P2	과업환경의 공급부문, 수요부문 불확실성이 높을수록 경로 관계 내 수직적 조정 수준을 높이려는 노력이 증가한다.
P3	환경적 불확실성 하에서 힘의 균형은 불확실성의 원천에 더 잘 대응하는 경로 구성원 쪽으로 기울고, 기울어진 쪽으로 기획, 조정, 의사결정 과정의 집중화가 발생한다.
P4	과업환경의 공급부문, 수요부문 불확실성이 높을수록 경로 관계와 다른 경로 행위자들 간 구축된 수직적 연결이 밀접할 것이다. 만약 공급부문에서 불확실성이 발생한다면 후방 수직적 조정이 시도될 것이고, 수요부문에서 발생한다면 전방 수직적 조정이 시도될 것이다.
P	공급-수요 부문의 불확실성이 수직적 통합/조정 또는 대응전략에 의해서 줄어들지 않으면 기능 장애적 갈등의 수준이 증가할 것이고, 경로 관계는 느슨한 관계로 변하게 될 것이다.
P6	경쟁부문의 불확실성이 높을수록 경로 관계 내의 협력 수준이 높을 것이다.
P7	경쟁부문의 불확실성이 수직적 조정에 의해 줄어들지 않으면 각 경로 수준에서 경쟁자들과의 긴밀한 연계가 구축될 것이다.
P8	규제부문의 환경이 확실할수록 규제적인 요구에 대한 경로 관계의 행동이 보다 협력적이고, 조정되며 통합될 것이다.
P9	규제부문의 환경 불확실성 하에서 경로 관계는 규제부문 불확실성에 대응하기 위해 과업환경의 공급부문, 수요부문, 경쟁부문 내 행위자들 간 제휴에 동참하려는 경향이 있다.
P10	규제부문의 환경 불확실성이 제휴를 통해서 줄어들지 않는다면 경로 관계는 규제 기관과의 밀접한 연계를 추구할 것이다.

이상의 전제들을 종합해 볼 때 부문별 환경의 불확실성은 경로 관계의 힘-의

존 관계, 수직적 조정 또는 통합, 의사결정의 집중화, 협력 및 갈등, 다른 경로 구성원과의 제휴 등 다양한 측면에서 유통경로의 구조와 과정에 영향을 준다고 할 수 있다.

5. 정보진행적 관점(Information Processing View)에서의 환경 연구

정보진행적 관점과 힘의 패러다임에 의한 유통경로 환경 연구는 정치경제 패러다임에 의한 연구의 발전된 형태라 할 수 있다. 이 중 정보진행적 관점은 환경의 다양한 차원들이 유통경로 구성원들이 직면한 의사결정 불확실성에 영향을 미칠 수 있다는 관점이다. 이러한 불확실성은 정보에 대한 필요성을 증진시키고, 정보진행 과정 상의 능력을 더 한층 요구하게 하며, 관리적인 의사결정을 복잡하게 한다. 뿐만 아니라 결과에 대한 예측 가능성을 감퇴시키고 성과에 대한 평가도 어렵게 만든다. 이에 관한 대표적인 연구는 Achrol and Stern(1988), Glazer and Weiss(1993)의 연구를 들 수 있다.

먼저 Achrol and Stern(1988)은 소매점포에 나타나는 행동의 불확실성과 외부 환경요소들 간의 관계를 검토하였는데, 환경적 질의 개념에 기초한 측정치들과 유통경로의 소매 구성원들이 직면한 의사결정 불확실성 간 관계를 설명하였다. 이때 환경의 불확실성을 유발하는 다양한 환경의 차원은 역동성(dynamism), 다양성(diversity), 집중성(concentration), 수용성(capacity), 상호연결성(interconnectedness) 등의 차원으로 구성되는데, 이들은 정보의 정확성, 성과의 예측가능성, 그리고 조직 구성원 간 의사결정의 자신감과 판단력에 負의 영향을 주는 것으로 나타났다. 이 중 가장 강력한 두 가지 차원은 환경적 풍요성(capacity)과 역동성(dynamism) 이었다.

한편 Glazer and Weiss(1993)은 환경의 교란성(turbulence) 차원에서 정보처리와 마케팅 의사결정, 그리고 성과 간의 관계를 연구하였다. 그들이 연구한 환경의 교란성 차원은 의사결정 시 정보의 시간 민감도를 의미하는 것으로 교란성이 심하다는 것은 주어진 기간 내에 발생하는 사건의 수가 급격히 증가하는 상황을 의미하고, 그에 따라 정보가 집중적으로 증가하는 것을 말한다.

이러한 그들의 연구는 교란성이 심한 시장환경에서는 시장의 교란성과 정보처리 스타일, 그리고 관련 의사결정 간 일치성이 유통경로의 성과를 높일 수 있다는 결론을 얻었다. 요컨대, 정보처리 관점에 의하면 유통경로를 둘러싼 환경의 불확실성이 유통경로 구성원 간 의사결정의 불확실성으로 이어지고, 결국 유통경로의 성과에도 영향을 줄 수 있다는 것을 알 수 있다.

6. 힘 패러다임(Power Paradigm)에서의 환경 연구

환경의 희소성은 의사소통 경로 내에서 권한과 제약의 집중화를 유도할 수 있다(Hermann 1963). 다시 말해 유통경로 내 힘의 구조를 바꿀 수 있다는 생각이 환경에 대한 힘의 패러다임적 생각이다. 이러한 힘의 패러다임은 환경 차원들이 조직 간 관계에 있어 자원의 흐름이나 의존적 구조에 영향을 미칠 수 있다고 주장한다.

힘의 패러다임을 이용해 유통경로 환경을 연구한 대표적인 연구로는 Aldrich와 동료들(Aldrich 1979, Aldrich and Mindlin 1978), Dwyer와 동료들(Dwyer and Welsh 1985, Dwyer and Oh 1987, Oh, Dwyer, and Dahlstrom 1990)의 연구가 있다.

가. Aldrich와 동료들의 연구

Aldrich(1979)의 연구에 의하면 조직 간 네트워크 내에서 자원의 통제는 암묵적으로 조직 간 힘과 연결되어 있다. 다시 말해, 힘이 있는 조직은 다른 조직들로 하여금 협상 과정이나 위험성이 있는 사업에 대해 그들의 의견을 수용하도록 영향을 줄 수 있다. Aldrich는 이렇게 자원을 통제하게 되는 원인으로서 환경의 변화성(variability)을 제시하였는데, 이는 결국 환경이 유통경로 구성원 간 힘의 불균형을 초래할 수 있다는 말이다.

한편, Aldrich는 경영자의 불확실성과 의존성에 관해서도 연구하였는데 (Aldrich and Mindlin 1978), 수요부문의 변화성은 공급자로 하여금 덜 복잡한(보다 통합된) 시스템을 사용하게 유도하고, 후방 경로 구성원에 대한 영향을 강화한다는 것을 발견하였다. 뿐만 아니라 이질적인(heterogeneous) 환경은 경로 구성원에게 높은 불확실성을 야기하고, 분권화되고, 비공식적인 의사결정 구조를 요구한다는 것도 발견하였다.

요컨대 Aldrich와 동료들의 연구에 의하면 환경이 유통경로의 힘-의존 구조, 의사결정 구조 등을 변화시킬 수 있는 동인으로 작용할 수 있다.

나. Dwyer and Welsh의 연구

Dwyer and Welsh(1985)는 Achrol, Reve, and Stern(1983) 연구의 전제들을 보다 명확하게 하여, 힘의 패러다임으로 발전시켰다. Dwyer and Welsh는 이질성(heterogeneity)이 의사결정의 불확실성을 야기하며, 다양한 환경적 개체에 관한 정보를 수집하고, 효과적인 전략 프로그램과 전략을 개발하는데 막대한 어려움을 초래하기 때문에 수요환경의 변화성(variability)은 경로 시스템 전체에 걸쳐서 자원의 보편적인 흐름에 영향을 줄 수 있다고 주장 하였다. 다시 말하면 수요 환경의 변화성은 통합된 경로 구조와 공급자의 통제를 유도하고, 결국 변화에 잘 대응하는 구성원을 중심으로 힘의 불균형 현상은 발생하게 된다.

하지만 Dwyer and Welsh 연구에서는 환경의 역동성(dynamism)이 공식화, 참여화, 집권화를 포함하는 관료적 구조화에는 거의 영향을 미치지 않았다. 다만 한계적인 발견으로서 환경의 역동성이 일부 관료적 구조화 변수들과 상관관계를 보여주었다. 예컨대, 복수 도매상 시스템(multiple wholesaler system) 상에서는 역동성이 참여화와 正의 상관관계를 가졌으며 3수준 경로 시스템(three-level channel system; 제조업체 ⇒ 도매업체 ⇒ 소매업체)에서는 역동성이 공식화와 부의 상관관계를 보였다.

다. Oh, Dwyer and Dahlstrom의 연구

Oh, Dwyer and Dahlstrom(1990)은 환경이 자원의 흐름을 바꾸고, 유통경로 구성원 간 관계의 의존구조도 바꾼다는 힘의 패러다임을 채용해 환경의 풍요성 (munificence)과 역동성(dynamism) 차원이 어떻게 유통경로의 구조와 과정에 영향을 미치는지 연구하였다. 이때 환경의 풍요성은 환경적 자원이 풍부하여 다른 경로 구성원에게 의존하지 않는 독립성(independence)을 의미하는 것으로 연구되었으며, 역동성은 경로 파트너의 성과 예측 및 측정을 어렵게 하고 관계성을 방해하여 장기적인 경로관계를 어렵게 만드는 원인으로 여겨졌다.

그들은 공급자에게 힘이 있는 시장으로 연구 설정을 하였는데, 공급자에게 힘이 있는 경로 시스템 내에서 역동성은 힘의 사용에 대한 규범적인 제약을 느슨하게 하여, 힘의 불균형을 확대한다는 사실을 발견하였다. 또한 공급자에게 힘이 있는 경우 환경의 역동성이 심하면, 공급자가 장기적인 관계 유지에 별 관심을 가지지 않기 때문에, 약자인 후방 경로 구성원들의 의존성이 더 심화된다는 것도 발견하였다. 반면 풍요성은 역동성과는 달리 힘의 균형을 이루게 한다. 다시 말해 역동성은 경로 구성원 간 덜 협력적이고, 착취적인 협상행동을 하게 하며, 낮은 단결 수준을 갖게 하는 반면, 풍요성은 경로 구성원 간 협력적이고, 덜 착취적인 협상행동을 하게 하며, 높은 단결 수준을 갖게 한다.

만약 환경의 역동성으로 인해 경로 구성원 간 교환관계에 있어 불가피하게 불균형적인 자원의 배분, 불균형적인 역할 및 성과의 배분이 일어난다면 구성원들의 참을성을 저해시키고, 경로 구성원 양방은 차후의 거래에 있어 균형이 유지될 것이라는 기대를 상실할 가능성이 높다. 따라서 역동성, 풍요성 등 다양한 환경의 차원은 유통경로 구성원 간 힘의 구조에 영향을 주어 그들의 경로 구성원 간 행동에도 영향을 줄 수 있다.

7. 환경에 관한 국내 연구

유통경로 환경에 관한 연구는 국내에서도 수행되었다(오세조 1990, 임영균 1990, 이종하, 오세조 1991, 박종희 1993, 오세조, 임영균, 박종희, 이승창 1995, 오영애 1996, 한상린 1998).

환경에 관한 국내의 연구들은 주로 오세조와 그의 동료들에 의해 수행되었는데, 주로 사용되었던 환경의 차원은 환경의 풍요성과 역동성, 그리고 불확실성이었으며, 환경이 관료적 구조화와 관계의 질에 미치는 영향(오세조, 심종섭 1990, 임영균 1990, 이종하, 오세조 1991, 박종희 1993, 오영애 1996), 환경이 유통경로의 구조, 특히 수직적 통합에 미치는 영향(오세조, 임영균, 박종희, 이승창 1995, 한상린 1998) 등으로 나누어 연구되었다.

연구 결과는 유통경로 구조와 산업에 따라 다소 차이가 있게 나타났다. 예를 들면 기업형 유통경로에서는 역동성이 공식화와 중앙집권화를 강화시키나 참여화에는 영향을 주지 않았지만(오세조, 심종섭 1990), 계약형 유통경로에서는 역동성이 공식화는 강화시키나 중앙집권화와 참여화에 영향을 주지 않는 것으로 나타났고 (이종하, 오세조 1991), 같은 계약형 유통경로를 연구한 연구 중에서도 오영애 (1996)의 연구에서는 환경의 역동성이 공식화, 참여화, 집권화 모두를 강화시키는 것으로 나타났다.

제2절 사회교환 이론(Social Exchange Theory)[1]

1. 사회교환 이론의 유통경로 연구에의 도입

교환은 마케팅 연구에 있어 핵심적인 개념이다. Kotler(1972), Bagozzi(1975), Hunt(1976)의 연구 이후로 마케팅 과정에 대한 정의는 양자간의 교환활동에 초점을 맞추어 왔다. 동시에 기업 간 교환과정을 지배하는 비 계약적 통제 메커니즘에 대한 관심이 커가면서 유통분야에서 집중적인 연구가 수행되었다 (Dwyer, Schurr, and Oh 1987, Gundlach and Murphy 1993, Heide and John 1988). 여기서 비계약적 통제 방법은 포괄적인 계약을 창조하는 것이 매우 어렵기 때문에 성공적인 교환을 위해서 필수적인 것으로 받아들여졌다(Goetz and Scott 1981, Gundlach and Murphy 1993, Macneil 1980).

이러한 비계약적 지배구조에 관한 초기 연구들은 힘과 의존성의 개념으로 유통경로 내 비계약적 지배구조를 "다른 교환 파트너에 대해 한 경로 구성원이 가지고 있는 통제"로서 설명하려 하였다(Hunt, Ray, and Wood 1985). 또한

1) 본 절의 내용은 Lambe, Wittman, Spekman(2001)의 연구를 발췌하여 정리한 것임.

French and Raven(1959) 같은 사회학자들은 힘을 한 사람에 의해 다른 사람을 통제하기 위해 사용될 수 있는 것으로 보았다. 이 가운데 Beier and Stern(1969)은 힘의 개념을 유통경로 내 교환의 지배구조로서 접목시킨 초기의 연구 중 하나이다. 하지만 이러한 힘은 갈등을 야기할 수 있다는 이유 때문에 성공적인 교환 지배구조를 설명하는 데에서는 한계를 가지고 있다고 반복적으로 발견되었다(Morgan and Hunt 1994).

후에 제도 경제학(Institutional Economics)(Williamson 1975)의 연구로부터 연구자들은 거래비용 분석을 유통경로의 교환을 설명하는데 사용하였다. 여기서 거래비용 분석은 기업들과 시장들을 지배구조의 대안적 형태로서 보고 교환의 지배구조가 교환의 직접비용과 기회비용을 최소화하려는 기업의 바람에서 기인한다고 제안하였다. 다시 말해, 거래비용 최소화 목표에 의해 연구자들은 기업이 직면한 지배구조 문제에 기초한 교환 관계에 통제 메커니즘을 사용하는 이유를 설명해 왔다(Rindfleisch and Heide 1997).

이때 지배구조 문제들은 관계 자산의 보호(safeguarding relationship assets)(Heide and John 1988) 파트너 적응의 보장(ensuring partner adaptation)(Heide and John 1990) 등이 독립변수로 연구되었고, 지배구조 메커니즘, 예를 들어 수직적 통합(Williamson 1975), 또는 담보(pledges)(Anderson and Weitz 1992) 등이 종속변수로서 연구되었다(Rindfleisch and Heide 1997). 이러한 거래비용 분석의 기본 전제 중 하나는 파트너 기회주의의 위험이 교환 관계 내 관계적 지배구조의 효과성에 한계점을 드러낸다는 것이다.

그러나 몇몇 연구자들은 실제로 관계규범 또는 개인적 관계에 의한 관계적 통제가 종종 지배 수단으로 효과적이라는 것을 보여주었다(Anderson and Narus 1984, Dwyer, Schurr, and Oh 1987, Morgan and Hunt 1994). 또한 어떤 학자들은 관계교환 내에서 보편적인 기회주의(universal opportunism)에 대한 거래비용 분석의 가정에 대해 의심하기도 하였다(Heide and John 1992, Morgan and Hunt 1994).

결국 거래비용 분석은 교환 파트너들이 지속적으로 관계에 기초한 지배구조를 개발할 수 있는 교환관계 내에서 지배구조를 설명하는데 한계점을 노출하게 되었다.

이로 인해 유통경로를 연구하는 학자들은 점점 더 사회교환 이론을 채용하고 있다. 사회교환 이론의 핵심 설명 메커니즘은 관계적인 상호의존성 또는 관계적 계약으로, 그것들은 교환 파트너들의 상호작용을 통해 지속적으로 개발되는 것이다(Dwyer, Schurr, and Oh 1987). 사회교환 이론이 교환 당사자들 간 관계를 교환의 지배 메커니즘으로 초점을 맞추고 있기 때문에 특히 유통경로의 교환 관계를 설명하는데 유용하다(Anderson and Narus 1984, 1990, Dwyer, Schurr, and Oh 1987).

2. 사회교환 이론 개요

가. 사회교환 이론의 기원

사회교환 이론은 가장 오래된 사회행동 이론들 중 하나로 개인 간의 모든 상호작용을 자원의 교환으로 보고 있다(Homans 1958). 이때 교환되는 자원들은 상품이나 화폐같이 만질 수 있는 것뿐 아니라 사회적인 예나 우정 등과 같은 만질 수 없는 것도 포함된다. 또한 사회교환 이론의 기본 가정은 교환 당사자들이 그렇게 함으로써 보상 받을 수 있다는 기대와 함께 관계를 맺고 유지한다는 것이다(Blau 1968).

이러한 사회교환 이론의 개발에 공헌한 연구는 사회학자인 Blau(1960, 1964), Emerson(1962), Homans(1958)과 사회 심리학자 Thibaut and Kelley(1959), Homans(1958)의 연구 등이 대표적이다. 이들 연구는 사회 행동을 "교환"으로서 초점을 맞춘 최초의 체계적인 연구였다(Blau 1968).

이 중 Blau(1964)는 사회교환 이론이란 용어를 교환과정으로서 사회적 상호작용의 개념화를 설명하는데 처음으로 사용했고, Thibaut and Kelley(1959)는 CL(comparison level) and Cl_{alt}(comparison level of alternatives) 컨셉을 통해 관계교환 당사자들이 어떻게 관계교환의 편익을 그들의 관계 결속을 결정하는데 비중을 두는가를 설명하였다. 또한 Emerson(1962)은 관계교환에의 힘과 의존성의 영향을 발견하면서 사회교환 이론의 발전에 공헌하였다. 그는 힘의 불균형이 불안정한 관계를 야기하고, 상호의존성이 사회교환 관계의 지속성에 결정적이라는 사실을 이론화하였다.

나. 사회교환 이론의 기본 전제

사회교환 이론은 첫째 교환 상호 작용들이 사회적, 그리고 경제적 성과를 초래한다. 둘째 이러한 성과들은 교환 관계에 대한 의존성을 결정하는 다른 교환 대안들과 반복적으로 비교된다. 셋째 반복되는 긍정적인 성과들은 기업의 거래 파트너에 대한 신뢰를 증진시킨다. 넷째 반복되는 긍정적인 교환 상호작용은 교환 관계를 지배하는 관계적 교환 규범을 생산한다라는 네 가지 기본 전제를 가지고 있다. 이러한 네 가지 기본 전제들은 상호 배타적이면서, 사회교환 이론의 모든 것을 설명하고 있다(Popper 1959).

다음 표는 이러한 사회교환 이론의 기본 전제가 형성되는 데 영향을 준 연구들을 보여주고 있다.

〈표 2-2〉 네 가지 기본 전제가 형성되는 데 영향을 준 기초 연구들

기본 전제 기초 연구	P1: 교환 상호작용들은 사회적 그리고 경제적 성과를 초래한다	P2: 이러한 성과들은 교환 관계에 대한 의존성을 결정하는 다른 교환 대안들과 반복적으로 비교된다	P3: 반복되는 긍정적인 성과들은 기업의 거래파트너에 대한 신뢰를 증진시킨다	P4: 반복되는 긍정적인 교환 상호작용은 교환 관계를 지배하는 관계적 교환규범을 생산한다
Aristotle	사회적 교환을 경제적 교환과 구분한다			
Thibaut and Kelley	교환은 지속되기 위해 결과를 초래한다.	예상되는 보상과 대안들로부터 가용한 보상들의 비교를 조작적으로 정의하는 CL과 CL_{alt}를 개발한다		규범이 일련의 상호작용에 걸쳐 생산되고, 거래 파트너의 행동을 통제하는 가이드를 제시한다. 규범들은 계약이나 기타 법적 통제 메커니즘의 역할을 대신할 수 있다

기초 연구 \ 기본 전제	P1: 교환 상호작용들은 사회적 그리고 경제적 성과를 초래한다	P2: 이러한 성과들은 교환 관계에 대한 의존성을 결정하는 다른 교환 대안들과 반복적으로 비교된다	P3: 반복되는긍정적인 성과들은 기업의 거래파트너에 대한 신뢰를 증진시킨다	P4: 반복되는 긍정적인 교환 상호작용은 교환 관계를 지배하는 관계적 교환규범을 생산한다
Blau	사람들은 사회적, 경제적 보상 모두를 포함하여 사회적 관계로부터 보상을 얻고자 한다.	관계에 대해서는 호혜적 교환이 지속될 것으로 기대된다.	호혜적 행동들은 신뢰와 결속 모두를 구축한다. 신뢰를 창출하는 것은 사회교환의 주요 기능이고, 자연발생적이다.	규범은 관계 내에서 수용 가능한 힘의 사용과 행동들의 제한선 또는 가이드를 제공한다. 힘은 의존성과 사회적 의무에 따라 발전될 수 있다.
Homans	상호작용은 물질적, 비물질적 재화의 교환이다	양방은 그들이 관계하고 있는 상대방에 지속적으로 가치를 제공해야 한다.	양방은 보상적인 관계속에서 남아 있으려고 한다	교환 행동은 규범의 개발에 의해 안내된다.
Macaulay			그들의 의무를 다하고 있는 기업들은 미래에 상호작용을 계속할 것을 기대할 수 있다. 기업들은 정상을 참작할 수 있는 경우를 제외하고 의무가 충족될 것이라고 믿는다. 계약은 신뢰가 존재하지 않을 때보다 자주 사용된다.	규범은 계약 내에 존재하는 갭들을 매꾸는 역할을 하고, 관계의 유연성을 갖게 한다.
Emerson				힘은 의존성의 결과로서 나타난다. 규범은 관계 내 힘의 사용에 대한 가이드로서의 역할을 한다

※ 자료원: Lambe, Wittmann, Spekman(2001)

① P1: 교환 상호작용들은 사회적 그리고 경제적 성과를 초래한다.

사회교환 이론은 교환을 경제적, 사회적 성과 모두를 초래할 수 있는 사회적 행동으로 본다. 따라서 개인들은 보상을 받을 수 있다고 기대하기 때문에, 새로운 관계를 맺고, 기존 관계를 유지한다(Homans 1958, Thibaut and Kelley 1959, Blau 1964, Macneil 1980). 이러한 사회교환 이론에서는 비록 돈과 같은 경제적인 보상이 중요할지라도 감정적 만족(emotional satisfaction), 정신적 가치(spiritual values), 개인적 이익의 추구(pursuit of personal advantage), 그리고 인도주의적 이상의 공유(sharing humanitarian ideals)들이 더 가치 있게 여겨진다. Blau(1968)는 사회적 교환에 포함된 가장 중요한 편익은 사회적인 인정과 존경 등과 같이 정확한 가격이 매겨지는 물질적인 가치를 전혀 가지고 있지 않는 편익이라고 말하기도 하였다.

어떤 학자는 반복적인 교환관계를 경제, 정보, 제품 / 서비스, 그리고 / 또는 사회적 교환을 초래하는 일련의 단속적 교환 사건 또는 상호작용이라고 생각하기도 하였다(Hakanssonand Wootz 1979, 1982). 이때 교환 상호작용들은 반복적으로 교환관계의 역사를 비교한다. 그리고 이를 바탕으로 기업이 교환 관계를 개발하고 지속하는데 예상되는 비용과 편익들을 조정한다(Kelley and Thibaut 1978). 만약 과거 교환 사건의 결과들이 긍정적이었다면, 기업들은 미래의 성과도 긍정적일 것이라고 예상할 수 있다.

② P2: 이러한 성과들은 교환관계에 대한 의존성을 결정하는 다른 교환 대안들과 반복적으로 비교된다.

교환관계 내에 있는 것에 관련된 비용과 또 다른 교환관계에 있지 않는 것에 관련된 기회 비용이 있기 때문에 사회교환 이론은 교환 당사자 양방이 만족스러운 보상이 지속되는 한 관계 내에 머무르려 한다고 제안한다(Homans 1958, Blau 1968). 따라서 교환 당사자 양방은 가치 있는 경제적, 사회적 자원들이 사회적 교환에 포함되도록 확장해야만 한다. 이러한 자원들에 대한 비용은 교환관계의 전반적인 편익을 감소시킨다(Dwyer, Schurr, and Oh 1987).

한편 교환관계에서 한 쪽이 얻을 수 있는 보상의 만족스러움은 어떤 기준에 대해 상대적으로 평가된다. 그리고 그 기준은 상대방에 따라 달라질 수 있다. 예를 들어 한 쪽이 경제적인 보상을 보다 많이 강조할 수 있는 반면 다른 한쪽 은 거래 파트너와의 신뢰에 더 관심이 있을 수 있다. 하지만 어떠한 성과를 더 중요시 하는가와 관계없이 경제적, 사회적 결과들은 함께 평가되고, 다른 대안 들과 비교된다(Homans 1958, Thibaut and Kelley 1959, Blau 1964).

이러한 사회교환 이론의 전제 하에서 어떻게 한 쪽이 교환관계의 보상을 대 안들을 통해 얻을 수 있는 보상과 비교하는지를 개념화하기 위하여 Thibaut and Kelley(1959)는 비교수준(comparison level; CL)과 대안의 비교수준 (comparison level of alternatives; CL$_{alt}$)의 개념을 개발했다.CL은 주어진 관 계 내에서 이 정도면 당연하다라고 생각하고 관계로부터 받는 성과들을 비교하 는 사회적, 경제적 편익의 표준을 의미한다. 예를 들어 구매 관리자들은 그들이 느끼는 정당한 가격과 비교해서 공급자의 가격 수준을 고려한다. 만약 가격이 그들이 생각하는 수준보다 높으면 불만족을 경험하게 되고, 낮으면 만족을 경험 하게 된다. 반면 CL$_{alt}$는 교환관계를 지속하거나 종결할지 결정하는데 사용되는 다른 표준이다. CL$_{alt}$는 최선의 대안과의 교환관계로부터 얻을 수 있는 전반적인 사회적, 경제적 편익이다.

이와 같은 개념에 대해 Thibaut and Kelley(1959)의 연구에 의하면 한 쪽의 성과가 주어진 교환관계 내에서 CL$_{alt}$을 초과하는 한, 그 쪽은 관계의 바 깥에서 얻을 수 있는 것보다 많은 보상을 얻고 있기 때문에 관계에 대한 의존 성을 가지게 될 것이다. 따라서 문제의 거래 당사자는 교환관계를 유지하길 원 할 것이다. 그러나 만약 대안적 공급자가 보다 많은 편익을 제공할 수 있다면 구매자는 공급자들을 바꿀 것이다. 따라서 CL$_{alt}$는 한 쪽이 관계로부터 받을 수 있고, 관계를 지속할 수 있는 최소한의 보상 수준이라 할 수 있다.

아울러 사회교환 이론 구성요소의 중요한 측면은 관계를 형성하려는 기업들 이 종종 관계에 대한 서로 다른 목적과 기대를 가진다는 것이다. 한 기업은 수 익성에 보다 많은 관심이 있을 수 있지만 다른 기업은 시장점유율 또는 관계개 발에 관심이 있을 수 있다. 이 이슈를 다루는 연구들 중 Kelley and Thibaut(1878), Kelley(1983)는 교환 당사자들의 기존 상호의존성이 사회적, 경제적 성과들을 조정하는 "변형(transformation)"을 발생시킨다고 제안했다.

여기서 교환에 대한 당사자들은 그들의 경제적 성과들을 기대되는 과거와 미래의 상호교환과 타협의 사회적 편익들을 통해 비교 검토한다(Kelley and Thibaut 1978). 만약 한 쪽이 다른 쪽에 의존성을 느끼고, 교환관계 상에서 경제적 성과의 공정한 분배가 있을 것이다라는 신뢰가 있다면, 미래의 편익을 위해 현재의 경제적 편익을 기꺼이 보류하려고 할 것이다. 추가적으로 만약 한 쪽이 경제적 양보를 하게 된다면 그 쪽은 현재의 경제적 손실을 재고려(re-weigh) 또는 변형(transform)하여 긍정적인 사회적 성과를 고려함을 통해 부정적인 결과를 줄이려 할 것이다.

③ P3: 반복되는 긍정적인 성과들은 기업의 거래 파트너에 대한 신뢰를 증진시킨다.

신뢰를 창출하는 것은 사회교환의 중요한 측면이다. 왜냐하면 사회교환은 계약에 의해서보다는 사회적 의무감(obligations)에 의해 많은 부분이 지배 받기 때문이다(Blau 1968). 따라서 상대방에게 편익을 제공할 때 한 쪽은 상대방이 언젠가는 편익을 되돌려 줄 것을 신뢰해야 한다. 또는 상대방이 호혜적일 것이라는 것을 신뢰해야 한다(Blau 1964, Homans 1958). 사실 다중 상호작용을 통한 유익한 행동의 반복적인 상호 호혜성(reciprocity)이 신뢰를 창출하기 때문에(Blau 1964, Homans 1959), 필연적으로 신뢰 창출 과정은 교환 파트너 간 의무를 창출한다.

Aristotle은 교환 파트너에게 편익을 제공함을 통해 창출된 사회적 의무와, 비록 주는 사람이 선물이 아니라 빌려주는 것처럼 비슷하거나 보다 큰 보상을 기대하고 있음에도 불구하고 친구로서 주어진 선물 또는 서비스와 비교하였다(Blau 1968). 예를 들어 판매원은 그의 판매 목표 달성을 도와주기 위해 평소보다 많이 주문하기로 동의한 고객으로부터 편익을 받을 수 있다. 이때 판매원에 대해 미래의 언젠가는 구매자에게 비슷한 편익을 제공해 주어야 할 의무가 창출된다. 즉, 보상해야 할 의무가 창출된다. 이때 고객에게 제공되는 보상이 수용 가능한 한 최초 교환을 통해 창출된 의무는 갚아진다.

일반적으로 사회교환 이론은 거래 당사자 간의 신뢰 구축이 상대적으로 작거나 소수의 거래에서 시작할 수 있고, 한 쪽이 받는 보상의 가치가 증가함에 따라 더 가치 있는 보상을 돌려 주어야 한다고 제안하고 있다(Homans 1958). 결국 이로 인해 상호작용의 수가 증가하고 거래의 규모가 증가함에 따라 신뢰도 증가하게 되는 것이다. 이에 대해 Houston and Gassenheimer(1987)는 만약 호혜성이 발생하면 행동의 양식과 신뢰가 구축되기 시작한다라고 언급하였다.

이러한 신뢰는 사회교환 이론에서 매우 중요한 개념이다. 왜냐하면 교환관계에 대한 상대방의 결속 수준에 유의적으로 영향을 주기 때문이다(Blau 1964, Homans 1959). 또한 신뢰와 결속 간의 인과관계는 일반화된 호혜성(generalized reciprocity)의 원칙으로부터 기인하므로 불신은 불신을 낳고 그러한 행동은 관계에 대한 결속을 감소시키며 거래를 단기간 교환의 하나로 이동시키는 역할을 한다(McDonald 1981).

한편 상호 결속은 파트너가 노력을 하게 하고, 상호 바람직한 결과를 생산하기 위해 필요한 투자를 하게 하므로 기능적인 사회교환의 중요한 부분이다(Dwyer, Schurr, and Oh 1987, Ganesan 1994). 또한 CL과 CL_{alt}를 비교했을 때 상호 바람직한 결과는 파트너의 관계를 지속하고자 하는 바람을 증대시키거나 관계에 대한 결속을 증대시킨다(Thibaut and Kelley 1959).

④ P4: 반복되는 긍정적인 교환 상호작용은 교환관계를 지배하는 관계적 교환 규범을 생산한다

규범들은 오랜 기간에 걸쳐 거래 당사자들이 서로간의 상호작용을 하면서 개발된 명확하게 그리고 / 또는 암묵적으로 상호간에 동의된 행동 규칙들이다(Blau 1962, Thibaut and Kelley 1959, Homans 1958). 이 규범들은 사회교환이 규범들에 의해 유의적으로 지배되기 때문에 사회교환 이론에서 중요하다(Blau 1964, Homans 1958). 또한 규범이 힘의 사용에 의해 야기된 어려움 없이 행동을 통제할 수 있는 상호 동의된 수단을 제공하기 때문에 사회교환은 규범에 의존한다(Thibaut and Kelley 1959).

뿐만 아니라 규범들은 상호작용이 발생하는 양식에 대한 동의를 통해 불확실성의 정도가 줄어들 수 있기 때문에 관계의 효율성을 증대시킨다. 다시 말해, 거래 관계의 약자와 강자는 계약이나 법적 통제기제의 사용 없이 규제나 통제의 한 형태를 도입하기 때문에 규범을 도입함을 통해 이득을 얻을 수 있다(Thibaut and Kelley 1959).

또한 관계 내에서 거래 당사자들은 그들이 그렇게 함을 통해 보상받게 될 것을 믿기 때문에 규범에 충실한다(Blau 1964, Emerson 1962). Homans(1958)는 집단 내에서 한 사람이 규범에 순응할수록 더 많은 보상과 상호작용을 집단 또는 네트워크 내 다른 구성원들로부터 받게 될 것이라고 주장하기도 하였다.

마지막으로 규범들은 호혜성의 시기가 중요할 수 있다. 즉, 정확한 시간은 명시되지 않지만 어떤 일반적으로 받아들일 수 있는 시간 상 한계가 존재할 수 있다. 예를 들어 판매원과 구매자 간에 규범이 존재할 때, 구매자로부터 받은 편익에 대한 호혜성은 두 달이라는 기간 내에만 발생될 수 있다.

3. 사회교환 이론과 관계교환에 관한 연구들

관계교환은 교환의 성과가 다른 형태의 교환 또는 다른 파트너와의 교환으로부터 얻을 수 있는 성과를 초과한다는 교환 당사자 간의 상호 인식에 의해 동기가 부여된다(Anderson and Narus 1984, 1990, Dwyer, Schurr, and Oh 1987, Nevin 1995). 이러한 교환은 교환 과정을 지배하는 관계적 계약(relational contracts) 또는 규범들에 크게 의존한다(Heide and John 1992, Macneil 1980). 이때 관계적 계약은 공식적으로 문서화된 계약에서 중요한 문구로 상세하게 설명하기 어려운 경우 거래 당사자 간에 사용된다(Goetz and Scott 1981).

사실 교환에 대한 계약은 교환 상황과 의무들이 문서화하기 힘들어짐에 따라 점점 더 관계적 계약화되고 있다(Goetz and Scott 1981, Gundlach and Murphy 1993, Nevin 1995). 하지만 예측하기 힘든 상황이 발생한 복잡한 교환에서 요구되는 유연성을 달성하기 위하여, 관계적 교환은 높은 수준의 협력, 공동 계획, 파트너 욕구의 교환에 대한 상호 적응 등을 요구한다(Gundlach and Murphy 1993, Hallen, Johanson, Seyed-Mohamed 1991, Nevin 1995).

이때 관계적 교환 내에서 결정적인 지배 메커니즘과 관계적 교환의 성공을 위한 핵심 결정요인은 관계성(relationship)이다. 단순히 말해서, 기능적인 관계 교환은 교환 당사자 간의 기능적인 관계성을 요구한다(Anderson and Narus 1984, Day 1995, Dwyer, Schurr, and Oh 1987, Heide and John 1992, Morgan and Hunt 1994). 그러한 관계성은 신뢰, 결속의 기초 하에서 구축된 통제 메커니즘을 제공하고, 계약과 같은 보다 공식적인 통제 메커니즘을 대체 또는 보완하는 규범들을 교환한다(Gundlach and Murphy 1993, Heide and John 1992).

이에 대해 Wilson(1995)은 다음과 같이 언급했다.

구매자와 판매자 간의 관계성은 인류가 재화와 서비스를 교역하기 시작할 때부터 존재해 왔다. 이러한 관계성은 구매자와 판매자가 우수한 품질의 제품과 서비스에 의해 얻어진 신뢰와 우정을 개발하면서 시간이 지남에 따라 자연스럽게 개발되었다. 오늘날 이러한 관계성은 "전략적"이 되어 왔고 관계성 개발 과정은 기업이 그들의 목표를 달성하기 위하여 관계성 창출을 갈망하면서 매우 중요해졌다.

가. 사회교환 이론과 관계적 교환의 과정 모델들

마케팅 학자들은 교환 파트너들 간에 관계적 교환을 수월하게 해 주는 관계성의 개발을 설명하기 위해 많은 모델을 제안해 왔다.

Wilson(1995)은 상기 연구들을 "관계성 개발에 대한 개념적 과정 모델"이라고 불렀다. 어떤 측면에서는 다르지만 이러한 과정 모델들은 관계적 교환의 개발을 설명하기 위해 사회교환 이론을 사용했다는 점에서 서로 유사하다.

본질적으로 이러한 과정 모델에서는 관계적 교환을 수월하게 해주는 관계성이 반복적인 교환 상호작용을 통해 단계별로 진행된다. 다시 말해 최초 거래들이 관계성을 확대하거나, 감소시키거나, 현상태를 유지하거나 해지하는 방향으로 진행된다.

〈표 2-3〉 관계성 개발의 과정을 설명하기 위해 사회교환 이론을 사용한 연구들

저자	제안된 과정
Anderson(1995)	관계성 개발은 일련의 교환 에피소드들로써 경험된다. 각각의 교환 에피소드는 목적의 정의, 관계성 범위의 설정, 관계성 가치의 창출, 교환 결과의 평가 등의 네 가지 사건들로 구성되어 있다
Dwyer, Schurr, and Oh(1987)	관계성은 인지, 탐색, 확대, 결속, 해지 등의 다섯 단계를 통해 개발된다. 다섯 가지 세부 과정들이 탐색과 확대 단계에서 발생하고 끌어당기기(attraction), 의사소통과 협상, 힘의 개발과 사용, 규범 개발, 기대 개발 등이 포함된다.
Hakansson and Wootz(1979)	상호작용 과정들이 사회교환뿐만 아니라 교환의 구성 요소들을 포함한다. 긍정적인 사회적, 경제적 성과들은 미래의 관계성 확대를 가능하게 한다.
Ford(1990), Hakansson(1982), Turnbull and Paliwoda(1986)	일련의 교환 에피소드들 내에서 경계인들 간의 반복적인 긍정적인 상호작용은 기업 간 관계도 함께 묶어 준다.
Nevin(1995)	관계성은 호혜적 행동들을 통해 개발된다. 성공적인 관계성은 상호 의존성과 신뢰를 요구한다.
Wilson(1995)	관계성은 탐색과 선택, 목적의 정의, 관계성 범위의 설정, 관계성 가치의 창출, 그리고 관계성 유지를 포함한 과정을 통해 개발된다. 핵심 관계적 변수들은 관계성의 단계에 따라 활동적 또는 잠재적이다.

이때 기업들은 각각의 거래로부터 사회적뿐 아니라 경제적 성과들을 평가한다. 그리고 그것들을 다른 잠재적 교환 파트너에 의해 제공되는 편익의 수준(CL_{alt})뿐 아니라 당연히 여기는 수준(CL)과 비교한다(Dwyer, Schurr, and Oh 1987). 만약 성과의 수준이 받아 들일만 하다면 미래의 상호작용은 발생할 수 있다. 여기서 모든 관계성 개발 단계를 유발시키고, 기업들로 하여금 CL과 CL_{alt}와의 성과 비교를 가능하게 해 주는 핵심 활동은 다양한 관계성 개발 단계를 거쳐 발생하는 교환 에피소드들 또는 상호작용들이다. 예를 들어, 거래 당사자들이 상호 CL과 CL_{alt}을 초과하는 성과를 경험했다고 가정하면 상호 의존성과 관계에 대한 상호 결속이 증가하기 시작할 것이다. 규범들이 또한 상호작용을 통해서 개발될 것이고, 신뢰와 다른 핵심 관계 변수들도 개발될 것이다. 이때, 관계적 규범과 신뢰의 진화는 계약에 대한 의존을 줄이는 역할을 한다(Dwyer, Schurr, and Oh 1987, Heide and John 1992, Gundlach and Murphy 1993, Wilson 1995).

이상에서 유통경로 연구에 적용된 사회교환 이론을 살펴보았다. 사회교환 이론에 의하면 유통경로 구성원들은 교환관계를 통해 단순히 경제적인 성과뿐 아니라 사회적인 성과까지도 발생시킨다. 이러한 성과가 현재 교환파트너와의 관계를 통해서 가장 많이 얻을 수 있다고 판단할 때 신뢰하게 되고, 관계를 지속하려는 의지를 갖게 되며, 거래 당사자 간에 관계규범이 발생하게 된다.

이러한 사회교환 이론은 본 연구의 관계특성, 관계의 질을 설명하는 데 중요한 배경이론이 되며, 연구의 방향을 제시하는 데 주된 역할을 하고 있다.

제3절 힘-의존 이론 (Power-Dependence Theory)

앞서 언급한 듯이 Emerson(1962)은 관계교환에의 힘과 의존성의 영향을 발견하면서 사회교환 이론의 발전에 공헌하였다. 그는 힘의 불균형이 불안정한 관계를 야기하고, 상호 의존성이 사회교환 관계의 지속성에 결정적이라는 사실을 이론화하였다. 본 절에서는 Emerson을 중심으로 체계화된 힘-의존 이론을 정리하고, 본 연구와의 연관성에 대해 논하겠다.

힘-의존 이론을 체계화시킨 Emerson은 행위자 간의 상호 의존성은 그들 서로간의 힘에 대한 구조적인 근간을 제공한다고 제안하였다. 다시 말해 행위자 A와 B 간의 교환 관계에서 B의 A에 대한 의존성은 A가 B에게 제공할 수 있는 편익의 가치(value of benefits)와 함께 증가하고, 그 편익을 제공할 수 있는 다른 대안적 원천(alternative sources)에 대한 B의 접근성과 함께 감소한다고 언급하였다. 따라서 A의 B에 대한 힘은 B의 A에 대한 의존성이라 할 수 있고, B의 A에 대한 힘은 A의 B에 대한 의존성이라 할 수 있다. 이때 비대칭적인 의존성은 덜 의존적인 행위자가 구조적인 힘의 우위를 갖는 불균형적인 관계를 초래하게 된다. 이러한 힘의 불균형은 협상 과정에서 일반적으로 힘이 우월한 쪽을 위한 비대칭적 협상을 야기한다(Rubin and Brown 1975). 반면 힘이 균형되면 보다 협력적인 협상을 할(Rubin and Brown 1975) 뿐 아니라 거래 파트너

양쪽의 목표를 충족시키기 위한 협력적인 행동을 유도한다.

만약 핵심 교환 관계(focal dyad)가 3개 이상의 행위자 간 네트워크 속에 포함되어 있을 경우, B1과 B2가 A의 대안적인 교환 파트너이라면 B1-A관계와 B2-A관계는 상호 負의 관계를 갖는다. 다시 말해 A가 B1과 더 많이 교환을 할수록, A는 B2와 더 적게 교환을 하기 때문이다. 한편 힘-의존 이론은 행위자들 간 의존 관계에 의해 결정되는 구조적인 잠재력으로서의 힘과 행동적인 힘의 사용으로 구분하고 있고, 두 가지 간에 인과관계가 존재한다고 주장하고 있다.

1. 힘의 개념

가. 힘의 개념

힘(power)에 대한 정의는 여러 학자들에 의해 이루어져 왔다. 예를 들어, Dahl(1957)은 "B가 하려 하지 않는 것을 A가 하도록 한다면 그렇게 할 수 있는 정도가 A가 B에 대해 가지는 힘이다"라고 했고, 다른 사람의 행동을 유발시킨 양으로 힘을 측정하였다. 또한 Emerson(1962)은 "행위자 B에 대한 행위자 A의 힘은 A에 의해서 잠재적으로 극복되어 질 수 있는 B의 저항정도"라고 정의하였다. 또한 Simon(1953)은 "힘은 한 사람의 행위 변화가 다른 사람의 행위를 변화시키는 대보(對補)관계"라고 정의하였다. 물론 표현에 따라 약간의 차이가 있긴 하지만 이 정의들의 공통적인 내용을 유통경로에 맞게 표현한다면 힘은 "유통경로 내에서 한 구성원이 다른 구성원의 의사결정에 영향을 주거나 그 의사결정을 변경시키는 능력"이라고 정의할 수 있다(여운승, 신종국 1994).

나. 힘에 대한 상반된 견해

이러한 힘은 많은 학자들에 의해 연구가 되어 왔지만 그 복잡성에 대한 충분한 규명이 이루어 지지 않았기 때문에(Frazier 1999), 연구에 상반된 견해를 보이고 있다.

먼저 힘에 대해 부정적인 견해를 가지고 있는 연구들은 힘, 특히 불균형적인 힘이 유통경로의 관계결속을 저해한다고 보고 있다. 예를 들어, Morgan and Hunt(1994)는 힘을 "병들고 기능장애적인 경로관계로서, 기회주의적 행동과 같이 관계마케팅의 실패와 연관된다"라고 하였으며, 힘은 경로관계에서 강압적인 통제를 유발하고(Weitz and Jap 1995), 관계마케팅이 진전됨에 따라 기업이 점점 더 힘을 조정 메커니즘으로 사용하지 않는다고(Gundlach, Achrol, and Mentzer 1995) 언급하였다. 이로 인해 최근의 유통 연구들에서는 '힘'이란 말보다는 '의존성(dependence)' 또는 '상호 의존성의 크기와 비대칭성(interdependence magnitude and asymmetry)'이라는 표현을 주로 사용하고 있다(Fraizer 1999).

반면 힘에 대한 다른 생각을 가진 연구들도 있다. 힘에 대한 다른 생각은 힘, 특히 결합 힘(joint power)이 유통경로의 관계 결속을 강화할 수 있다는 견해이다(Fraizer 1999). 다시 말해 높은 결합 힘은 공통된 관심을 갖게 하여 신뢰와 결속, 관계적 행동을 강화할 수 있고(Gundlach and Cadotte 1994, Kumar, Scheer, and Steenkamp 1995, Lusch and Brown 1996), 장기적 협력이 중요하고 공정성 규범이 경로 시스템에 존재하는 경우, 힘의 우위를 가진 기업들이 이기적인 목적을 달성하기보다는 강하고 효과적인 관계를 구축하려 한다는 것이다(Fraizer and Summers 1986, Ganesan 1993).

이러한 힘에 대한 상반된 견해를 종합해 보면, 힘은 비대칭적일 경우 유통경로 구성원의 관계에 있어서, 초기 단계에서는 관계 형성을 저해하지만, 관계가 형성된 상태에서는 오히려 관계결속을 강화할 수 있다고 볼 수 있다. 또한 경로 구성원 간 힘이 균형을 이루고, 결합 힘이 클 경우 오히려 경로 구성원 간 의존성을 증대시키고, 결과적으로 관계결속도 강화할 수 있다.

2. 힘의 원천과 사용

가. 힘의 원천

일반적으로 유통경로 시스템의 힘의 원천(power source)은 힘의 기초(power base)와 혼동되어 사용되고 있다. 이를 명확히 구분하면 힘의 기초는 힘을 가진 자가 보상을 베풀거나 처벌을 실행할 수 있는 능력인 반면, 힘의 원천은 힘을 받는 자가 힘을 가진 자가 보상을 베풀거나 처벌을 실행할 수 있는 능력을 가지고 있다고 지각할 때 존재하는 것(Gaski 1986)이라 할 수 있다.

이러한 힘의 원천은 ① 보상적 힘의 원천(reward power source), 즉, B가 자신에 대한 보상을 중재하는 능력을 A가 갖고 있다고 지각하는 경우 A의 힘의 원천, ② 강압적 힘의 원천(coercive power source), 즉, B가 자신에 대한 처벌을 중재하는 능력을 A가 갖고 있다고 지각하는 경우 A의 힘의 원천, ③ 합법적 힘의 원천(legitimate power source), 즉, B가 자신의 행위에 대한 규제를 할 수 있는 합법적인 권한이 A에게 있다고 지각하는 경우 A의 힘의 원천, ④ 준거적 힘의 원천, 즉, B가 A와 일체감을 가지려고 하는 경우 A의 힘의 원천, ⑤ 전문적 힘의 원천(expert power source), 즉, A가 특별한 지식이나 전문성을 갖고 있다고 B가 지각하는 경우 A의 힘의 원천 등이 있다(French and Raven 1959). 또한 이 다섯 가지 힘의 원천은 강압적(coercive) 힘의 원천, 비강압적(noncoercive) 힘의 원천으로 구분하기도 하는데(Hunt and Nevin 1974), 강압적 힘의 원천에는 보상적, 강압적 힘의 원천이 속하고 비강압적 힘의 원천에는 합법적, 준거적, 전문적 힘의 원천이 속한다.

이러한 힘의 원천은 본 연구의 주제인 환경 불확실성에 의해서도 영향을 받게 된다. 임영균(1990)은 환경 불확실성이 피영향자의 내면화와 동일시화 과정을 감소시키게 되며 따라서 이들 과정과 연관된 영향자의 힘의 원천들 즉, 준거력, 전문력, 정보력, 그리고 합법력을 감소시킨다고 주장하였다. 다음은 임영균(1990) 연구의 내용을 정리한 것이다.

나. 불확실성과 힘의 원천(임영균 1990)

환경적 불확실성은 피영향자의 입장에서 볼 때 영향을 미치고자 하는 시도와 피영향자의 신념체계 간의 일치를 약화시키고, 기회주의적 행동을 증가시킨다. 예를 들어, 유통경로 내의 불확실성은 제조업체와 유통업체로 하여금 장기 계약체결을 어렵게 하는데, 그 결과로 경로 관계는 단기적인 성향을 띠게 된다. 이때 단기 계약은 불확실한 상황에 있어 융통성(flexibility)의 이점을 가지게 하며 제한된 합리성(bounded rationality)에 근거한 경제성 추구도

가능하게 해준다(Williamson 1971).

그러나 단기계약에 근거한 경로 관계는 개개 구성원의 기회주의에 의해 깨지기 쉽다. 많은 경우에 있어 불확실성 하에서는 경로 내의 구성원들은 현재의 경로 관계에서 힘의 상태와 무관하게 기회주의적 행위를 취하게 된다(Provan and Skinner 1989). 이때 기회주의적 행위는 상대방에 의해 발견될 경우 신뢰감과 동일시화를 감소시키게 된다. 또한 기회주의적 행위가 발견되지 않더라도 어느 한 쪽은 기존 거래 대상을 더 이상 최적 대상이라고 믿지 않기 때문에 또한 동일시화를 감소시키게 된다.

뿐만 아니라 환경적 불확실성이 높은 경우에는 또한 거래 계약 상의 경제적 그리고 정책적인 조건들이 상세해지며 복잡해지게 된다(Blair and Kaserman 1983). 그러나 계약 상의 모든 조건들을 완벽하게 기술하는 것은 불가능하다. 더구나 경로 구성원이 거래 상의 계약 또는 규칙에 따라 행동할 경우에도 이들의 성과는 환경적 불확실성을 반영하는 것이 되며, 따라서 성과의 엄밀한 평가도 어렵게 된다. 그 결과로서 높은 수준의 불확실성은 거래 관계를 지배하는 계약 또는 규칙을 변화시키는 경향을 가지게 되며(Leblebici and Salancik 1982), 기존의 계약은 더 이상 정당성을 지니지 못하게 된다.

한편 피영향자의 입장에서 볼 때, 영향자의 보상력과 강제력도 환경적 여건에 의해 영향을 받게 되는데, 이는 불확실성이 정의 그대로 피영향자에게 요구되는 행위가 가져올 성과가 불명료함을 반영하기 때문이라 할 수 있다. 피영향자는 영향자가 기대하는 것을 미리 예측하는 것이 어렵기 때문에 영향을 미치고자 하는 시도를 자신의 기존 신념체계 안에 수용하는데 필요한 기준을 마련하기 어렵게 된다. 여기서 보상력과 강제력이 다른 힘의 원천에 비해 분석이 까다로운 점은 보상력과 강제력의 활성화가 영향자의 통제전략에 의해 대부분 결정되기 때문이다 (French and Raven 1959).

피영향자는 영향자가 보상력과 강제력을 보유하고 있는 것으로 지각하는데 있어 영향자에 의해 주어지는 보상과 처벌에 의존하게 된다. 다시 말해 피영향자가 보상력과 강제력을 지각할 수 있는 확률은 영향자에 의해 통제된다.

불확실성 하에서 거래의 양방은 모두 기회주의적 행위를 보일 수 있다는 것은 앞서 지적된 바 있다. 영향자는 불확실한 환경 하에서 피영향자가 보일지도 모르는 기회주의적 행위를 통제하기 위해 보상과 처벌을 이용하게 되며, 이때 주어지게 되는 보상과 처벌은 두 당사자 간의 힘의 균형 상태와 피영향자의 영향자에 대한 공헌 정도에 비례하여 주어지게 될 것이다. 힘의 불균형을 이루고 있는 경우에는 힘이 있는 한 쪽(아마도 영향자)은 피영향자로 하여금 그가 원하는 방향으로 순응할 것을 강요하게 되는 것이 일반적이다. 다시 말해, 피영향자는 영향자로부터 보상을 원하는 반면, 영향자는 보상보다는 처벌이나 제재를 통해 피영향자를 통제하고자 하는 것이 보다 보편적이라고 볼 수 있다(Leblebici and Salancik 1982). 결국 환경적 불확실성은 피영향자로 하여금 보상력보다는 강제력의 지각을 증가시킬 것으로 기대된다.

3. 힘의 불균형

가. 비대칭적 의존구조

경로 구성원 간 거래 관계는 쌍방의 의존성이 높은 대칭적 의존구조뿐 아니라 어느 일방이 특정 경로 구성원에게 의존하고 있는 비대칭적 의존구조 하에서도 발생한다. 만약 거래 쌍방이 제공하는 자원이 동등한 가치를 지닌다면, 거래 관계는 대칭적 의존구조를 지니게 되나, 어느 일방이 제공하는 자원이 더 가치가 있다면, 비대칭적 의존구조를 지니게 되며, 상대적으로 낮은 의존성을 보이는 당사자가 거래 관계를 지배하게 된다(Buchanan 1992).

또한 의존성은 거래 쌍방이 채택하는 영향력의 행사 방법과 범위를 결정하며 이를 통해 거래관계에 영향을 미치게 된다(Anderson and Narus 1990, Frazier and Rody 1991). 대칭적 의존구조 하에서 거래 당사자는 거래 상대방의 위협, 법적 호소 등 강압적 영향력 행사에 상응하는 영향력을 행사할 수 있으므로, 거래 관계에 있어 영향력의 행사는 주로 정보교환이나 권고 및 요청 등 비강압적인 수단에 의존하게 된다. 반면, 비대칭적인 의존구조 하에서는 의존성이 높은 경로 구성원은 거래 상대방의 기회주의적 행동이나 강압적인 영향력 행사로부터의 적절한 보호책이 존재하지 않기 때문에 전적으로 거래 상대방의 행위, 예를 들어 거래 윤리 차원인 공정성과 도덕성, 그리고 관계 차원인 거래특유투자, 만족, 신뢰 등에 의존할 수밖에 없다(Kumar, Scheer, and Steenkamp 1995). 이러한 관계에서는 일반적으로 높은 갈등이 나타나며, 구성원 간의 협력, 의사소통, 신뢰 및 거래의 안정성도 낮아지게 된다(Dwyer, Schurr, and Oh 1987).

Ganesan(1994)는 비대칭적 의존구조 하에서 거래 상대방의 행위가 구매자의 장기 거래 관계에 어떠한 영향을 미치는가를 분석한 연구에서 공급업자의 호의(benevolence)가 구매자의 장기지향성에 영향을 미치지 못하는 것으로 분석결과를 제시하고 있으나, Kumar, Scheer, and Steenkamp(1995)의 연구는 공정성(fairness)이 관계의 질에 긍정적인 영향을 미친다는 분석결과를 제시하고 있다.

나. 전체 힘(total power)과 힘의 불균형(power asymmetry)

힘의 효과를 검증하기 위하여 경로 연구자들은 단순히 기업 자체 힘의 효과(own power effect), 즉, 기업의 힘과 그 힘의 사용 간 관계(Gaski and Nevin 1985, Hunt and Nevin 1974)만을 고려하지 않고 파트너 힘의 효과(partner power effect), 즉, 경로 파트너의 기업에 대한 힘과 그 기업의 힘의 사용 간 관계(Frazier, Gill, and Kale 1989, Frazier and Rody 1991)까지 연구하였다.

이는 힘이 두 개 이상의 행위자 사이에서 발생하는 것이므로 일방향적인 관점에서 연구되었을 때 한계를 가지고 있기 때문이다. 이와 같은 생각은 최근의 실증 연구들에서도 지지되고 있는데, 최근의 연구들은 힘을 연구할 때 주로 상호 힘의 효과(dyadic power effect)에초점을 맞추지 않으면 경로 관계 전체를 설명할 수 없음을 지적하였다(Anderson and Narus 1990, Buchanan 1992, Geyskens, Steenkamp, Scheer, and Kumar 1996, Heide 1994, Lusch and Brown 1996).

특히 경로관계 내에서 경로 구성원들의 행동과 태도는 전체 힘(total power)과 힘의 불균형(power asymmetry)에 의해 영향을 받는다. 이때 전체 힘이란 거래 파트너 양쪽 모두의 힘의 합을 의미하고, 힘의 불균형은 거래 파트너 간 힘의 차이를 의미한다(Lawler 1986). 따라서 전체 힘과 힘의 불균형에 초점을 맞추는 것이 유통경로 관계를 분석할 때, 보다 유용한 정보를 제공할 수 있다.

다. 의존성과 형벌 능력(punitive capability)

경로관계 내에서 한 기업이 가치 있는 자산, 예컨대, 자본, 전문성, 정보, 서비스, 각종 자산, 회원 또는 좋은 위상을 가지고 있고(Dwyer 1984), 거래 파트너에게 쉽게 대체될 수 없는 보상과 편익을 제공하고 있다면, 거래 파트너는 그 기업에게 의존되어 있다고 할 수 있다(Emerson 1962).

비록 파트너의 의존성이 그 기업의 파트너에 대한 힘을 제공하지만 그 기업의 힘은 파트너의 의존성보다 더 클 수 있다. 좀더 자세히 말하면, 기업은 파트너에게 아무런 가치가 없지만 파트너에게 피해를 입힐 수 있는 손상자원(damaging resource)을 가질 수 있다(Molm 1989). 예를 들면, 거래 파트너와 경쟁할 수 있는 수직적으로 통합된 이중 경로 또는 거래 파트너를 소송에서 피해보게 할 수 있는 법률 고문 등이 그것이다.

이때 형벌 능력(punitive capability) 개념이 도입되는데 형벌 능력은 기업의 경로 파트너에게 부정적인 결과를 가할 수 있는 능력(ability) 또는 의지(willingness)를 말한다. 이 형벌 능력을 개발하기 위해 기업은 경로 파트너에게 부정적인 결과를 부과할 뿐 아니라 가치 있는 자원의 철수와 손상자원의 철수를 통제할 수 있는 인프라 스트럭쳐와 시스템에 투자하여야 한다. 기업이 상품 추적시스템을 개발하여, 상품이 회색시장으로 유출되는 것을 발견하고, 적절한 처벌 조치를 취하는 것은 이에 대한 좋은 예이다.

한편, 의존성은 일반적으로 형벌 행동에 영향을 준다고 생각된다. 왜냐하면 경로 파트너는 기업이 가치 있는 자원을 철수하지 않는 경향이 있다고 생각하는데, 기업은 그 자원을 철수할 능력이 있기 때문이다.

4. 영향전략

가. 영향전략

영향전략(influence strategies)이라 함은 경로 파트너인 표적기업(target firm)

의 행동을 변화시키려는 원천기업(source firm)의 경계인(boundary personnel)
이 행하는 의사소통의 구조와 내용을 의미한다(Frazier and Rody 1991).

이러한 영향전략에 대해 Frazier와 그의 동료들(Frazier, Gill, and Kale 1989,
Frazier and Rody 1991, Frazier and Summers 1984)은 미국 자동차 산업, 인
디안 커터 산업, 미국 산업재 유통 등의 산업을 대상으로 한 연구를 통해 사회
심리학 문헌들과 일관성이 있는 6가지 용어 정리를 하였다. 그들이 정리한 영향
전략을 살펴보면 다음과 같다.

① 약속(promise)

약속이란 원천기업이 표적기업의 순응에 대응한 구체적인 보상을 해 줄 것
을 보증하는 것으로, 영향을 받는 목표기업의 순응으로 영향을 행사하는 원천
기업이 얻는 편익이 제공하는 보상으로 인한 비용보다 크고, 동시에 목표기업
에게는 순응으로 인한 비용보다 보상의 가치가 클 때 양측 모두에게 순편익의
증가를 가져온다.

② 위협(threat)

위협이란 원천기업이 순응하지 않는 표적기업은 부정적인 처벌이 있을 것이
라는 것을 알려주는 것으로, 위협의 성공 여부는 가해질 응징의 정도, 영향을
받는 목표기업의 순응비용보다 불응비용이 크다고 생각하는지의 여부, 그리고
위협의 신빙성에 달려 있다(French and Raven 1959).

③ 법적 탄원(legalistic plea)

법적 탄원이란 원천기업이 표적기업에게 공적인 계약에 의해 요구되는 순응
을 주장하는 것으로, 영향을 행사하는 원천기업에 의해 강요된 행동이 양자가
모두 '공정한 협정'이라고 여길 만한 법적인 근거가 있다면 이 전략은 적은 감
시비용으로 즉각적이고 장기적인 순응을 가져올 것이다. 이러한 법적 탄원은
기존의 갈등을 부각시키고 양자간에 상당한 법적 비용을 낳을 수 있으며, 나아
가서 영향을 받는 표적기업의 순응에 대한 비용이 과도하다고 판단되면 원천기

업이 법적인 측면에서 유리한 그 관계를 해지할 수도 있다.

④ 요청(request)

요청이란 원천기업이 표적기업에게 실질적인 처벌에 대한 언급 없이 특정 행동을 할 것을 요청하는 것으로서 (1) 마음이 맞는 협력적인 관계에서, (2) 목표기업 순응의 원천적 가치가 상응하는 비용을 초과했을 때 가장 적절하다. 이러한 과정은 두 기업의 책임자 간 상호 신뢰와 개인관계를 증진시켜서 관계를 강화시키고, 미래의 정보교환이나 권고전략의 효과를 높일 것이다.

⑤ 정보교환(information exchange)

정보교환이란 원천기업이 특정 행동을 요청하거나 지시함이 없이 정보만을 제공하는 것으로, 표적기업의 운영철학과 의사결정 과정에 있어서 변화가 광범위한 종류의 기대된 행동 반응으로 연결되리라는 예상에 근거하고 있다.

⑥ 권고(recommendation)

권고란 원천기업이 표적기업에게 나중에 바람직한 결과를 달성하기 위해 필요한 특정 행동을 하라고 말하는 것으로, 표적기업의 행동을 더 구체적으로 지적하므로 효과적으로 사용되면 정보교환보다 더 적은 시간과 노력으로 의도된 행동을 달성할 수 있다.

이상의 6가지 영향전략은 다시 강압적(coercive) 영향전략과 비강압적(noncoercive)영향전략으로 분류할 수 있는데(Frazier and Summers 1986), 강압적 영향전략에는 약속, 위협, 법적 탄원 등이 포함되고 비강압적 영향전략에는 권고, 정보교환, 요청 등이 포함된다.

이러한 강압적 / 비강압적 영향전략을 종합해 보면, 강압적 영향전략은 원천기업이 표적기업의 불순응에 대한 부정적인 결과를 강조하면서 특정 행동을 수행하도록 표적기업에게 직접적인 압력을 가하는 전략이라 할 수 있으며(Frazier and Rody 1991), 비강압 영향전략은 우선적으로 표적기업의 일반적인 사업 이

슈에 대한 신념과 태도에 초점을 맞추고 있으며 직접적인 압력이 거의 없는 전략이라 할 수 있다.

다만, 권고 영향전략과 요청 영향전략은 연구에 따라서 일관되지 않게 분류되고 있다. 예를 들어, 권고의 경우 Frazier and Summers(1984)의 연구에서는 정보교환과 負의 상관관계($r = -0.08$, $p < 0.05$), 요청과는 비유의적인 상관관계($r = -0.03$)를 보였고, Frazier and Rody(1991)에서는 권고가 강압적 영향전략인 약속, 위협, 법적 탄원과 같은 요인으로 묶였지만 요인부하량의 부호가 정보교환, 토론, 요청과 같은 방향을 나타내었다. 더욱이 유통업자의 영향전략에서 요청은 약속, 위협과 같은 부호의 방향을 보였다. 뿐만 아니라 Kale(1986)의 연구에서는 권고가 유의적이지는 않지만 정보교환($r = 0.18$), 요청($r = 0.09$) 등과 正의 상관관계, 약속($r = -0.14$), 위협($r = -0.27$) 등과는 負의 상관관계를 나타내었다.

이러한 이유로 인해 Frazier and Summers(1986), Frazier, Gill, and Kale(1989)의 연구에서는 강압적 영향전략으로 위협, 약속, 법적 탄원만 사용하고, 권고는 사용하지 않았다. 따라서 비강압 영향전략에 초점을 맞추고 있는 본연구에서는 비강압 영향전략으로 정보교환과 요청(Frazier and Summers 1984) 전략뿐 아니라 권고 전략도 포함시켰다[2].

나. 힘과 영향전략

힘이라는 개념은 경로 구성원이 관련된 경로 구성원의 의사결정을 통제하거나 영향을 줄 수 있는 능력이라 할 수 있는데(Anderson and Narus 1990), 다시 말하면 힘은 한 기업이 다른 기업의 신념, 태도, 그리고 행동에 영향을 줄 수 있는 잠재력이라 할 수 있다. 따라서 힘은 영향전략과 밀접한 관계를 가지고 있다 말할 수 있다.

최근 경로 연구자들은 기업 간 힘의 구조가 가지는 두 가지 속성을 구체화시

---

2) 하지만 자료분석 결과 정보교환과 권고가 같은 방향의 상관관계를 가진 반면, 요청은 강압적 영향전략과 같은 방향을 보여서 최종적으로 정보교환과 권고를 비강압적 영향전략으로 정의함(제4장 제2절 참조).

컸는데, 그 하나는 힘의 크기(magnitude)이고 또 하나는 힘의 불균형 (asymmetry)이다(Gundlach and Cadotte 1994, Kumar, Scheer, and Steenkamp 1995). 앞서 언급한 바와 같이 힘의 크기는 전체 힘(total power) 의 개념으로 거래 당사자 양방의 힘의 합이고, 힘의 불균형은 거래 당사자 양방 간 힘의 차이이다.

여기서 힘의 불균형과 강압적 영향전략 간의 관계가 많은 연구자들에 의해 연구되었다. 하지만 연구에 따라 상반된 연구결과가 나타났다. 예를 들면, Dwyer and Walker(1981), Frazier, Gill, and Kale(1989) 등의 연구에서는 힘 이 불균형일 때 힘이 강한 경로 구성원들은 그렇지 못한 경로 파트너에게 강압 적 영향 전략을 사용한다는 사실을 발견하였고, Anderson and Narus(1984), Boyle and Dwyer (1995), Frazier and Summers(1986) 등의 연구에서는 그 반대 의 결과가 나타났다. 심지어 힘과 강압적 영향전략 간에는 상관관계가 없는 것으로 나타난 연구도 있었다(Ganesan 1993).

한편, 힘의 불균형은 비강압적 영향전략의 행사에도 영향을 미친다. 최근 Kim(2000)은 힘의 불균형이 힘과 비강압적 영향전략 간 正의 관계(Frazier and Rody 1991, Frazier and Summers 1986)를 나타냈던 기존 연구 결과들과 대조적으로, 힘의 불균형은 비강압적 영향전략에 負의 효과를 가질 수도 있다는 연구결과를 발표하였다.

Kim(2000)은 힘의 수준을 두 가지로 나누었으며, 과거의 연구들이 개별 기업 수준(individual firm level)에서의 힘에 초점을 맞춘 반면, 그는 기업 간 힘의 불균형(dyad level)에 초점을 맞추었다. 이는 기업이 강한 힘을 가지고 있다는 것은, 높은 힘의 불균형, 즉, 또 다른 기업의 힘이 약한 경우뿐만 아니라 낮은 힘의 불균형, 즉, 또 다른 기업의 힘 또한 강한 경우 모두를 의미한다.

다른 기업의 힘에 대한 지식이 없이 하나의 기업의 강한 힘만 알고 있을 경우, 유일하게 알 수 있는 것은, 기업 간 힘의 크기(magnitude) 이고, 힘의 크기가 클수록 비강압적 영향전략을 더 많이 사용하게 된다는 것이다(Lusch and Brown 1996). 따라서 과거 연구들의 관점에서는 경로 구성원의 힘이 강할 때 비강압적 영향전략을 사용한다는 결론밖에는 얻을 수 없었다.

하지만 두 개의 기업 간 바람직한 자원 소유의 차이와 실질적인 관심사의 차이 간에는 負의 상관관계가 있을 수 있다. 다시 말하면, Frazier and Rody(1991)의 연구처럼 비강압적 영향전략이 효과적으로 수행되기 위해서는 시간과 노력이 필요하다. 기업 간 힘의 불균형이 증가할수록 또, 두 개 기업의 관심사가 차이가 많이 날수록, 원천기업의 비강압적 영향전략을 사용하려는 노력은 표적기업에게 받아들여지지 않을 수 있다(Kim 2000). 즉, 표적기업은 원천기업으로부터 원하는 자원을 얻을 수 없고, 관심사에 차이가 있기 때문에 원천기업과 밀접한 관계를 갖는 것에 관심이 없을 것이다. 결국 표적기업은 원천기업이 효과적으로 비강압 영향전략을 수행하기에 충분한 시간과 관심을 보이지 않게 될 것이다.

이처럼 상반된 연구 결과들은 힘과 영향전략 간의 관계에 있어서 제3의 변수가 있을 것이라는 추측을 가능하게 하고(Kim 2000), 다른 여러 가지 변수들과 함께 연구되어야 함을 말해 준다. 특히 본 연구의 초점인 환경에 따라 힘의 원천이 영향을 받게 되고, 이는 상황에 따른 영향전략의 변화로 연결될 수 있기 때문에 환경 변수와 함께 연구하는 것도 바람직하다고 할 수 있다.

제4절 화장품 전문점 유통경로의 현황과 관련 연구3)

1. 화장품 전문점 유통경로의 생성 배경

우리 나라의 화장품 유통경로는 초기 서울의 동대문시장과 남대문시장에 있던 잡화도매상과 이들과 거래하는 소매상으로 형성되었다. 일제시대 광복 이후 제대로 된 상업자본이 형성되지 않았고, 제조업체의 자본력도 매우 부족한 상황이었기 때문에 제조업체의 독자적인 유통경로는 말할 것도 없고, 화장품만을

---

3) 본 절은 오세조, 권순기, 김상덕, 박정아, 조현진(2003)의 연구를 정리한 것임.

전문으로 취급하는 도매상이나 소매상도 없는 실정이었다. 이들 도매상은 처음에는 화장품을 취급하는 비율이 크지 않았으나 1950년대 후반부터는 그 비율이 90%까지 될 정도로 화장품 위주의 도매상으로 변화하였다.

〈그림 2-4〉 1950년대 주요 화장품 유통경로(잡화도매상)

이러한 잡화도매상 중심의 화장품 유통구조가 60년대 들어서 변화를 겪게 되었다. 국가의 국내 산업 보호 정책과 경제개발 5개년 계획 등으로 인해 화장품 제조회사의 수가 급격히 증가하고, 이에 발맞추어 국내 화장품 시장이 커지게 되었다. 하지만 제조업자와 소비자가 늘어나는 속도에 비해 유통업자의 증가 속도는 느렸고, 소수의 도매상→소매상 유통경로는 제조업자와 소비자 사이에서 폭리를 취하고, 횡포가 심하였다.

이로 인해 질 좋은 제품을 안정적으로 공급하고자 하는 제조업체로서는 제조업체가 지배할 수 있는 유통경로를 만들지 않을 수 없었다. 하지만 독자적인 유통경로를 구축하는 일은 많은 자본과 시간이 요구되는 일이었기 때문에 몇몇 기업들만 가능하였다(태평양 50년사 편찬위원회 1995).

이 시기에 모색되었던 새로운 유통경로는 체인스토어 경로와 방문판매 경로였다. 그리고 시간이 지남에 따라 이 두 유통경로 중에서도 방문판매 경로가 당시 상황에 더 적합한 경로로 판명되었다. 방문판매 경로는 처음에는 전체 판매액 가운데 반 정도 차지하였으나, 70년 이후에는 전체 매출액 가운데 80~90%를 차지하게 되었다. 뿐만 아니라 방문판매원의 숫자와 대리점의 숫자도 급격히 증가하게 되었다.

〈그림 2-5〉 1960~80년대 주요 화장품 유통경로(방문판매)

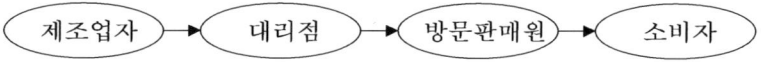

이처럼 방문판매 경로가 60~70년대 우리나라 화장품 유통경로의 대부분을 차지할 수 있었던 원인은 철저한 구역관리 및 판매관리 기법의 발전에 있었다. 예를 들면, 블록도와 소비자 관리대장 등이 방문판매원의 판매활동에 많은 도움을 주었다. 또한 이 시기 화장품 유통경로에서 특징적인 것은 복수 경로를 이용하기 시작하였다는 점이다. 다시 말해 이 시기의 제조업체들은 방문판매 경로와 체인스토어 경로뿐 아니라 기존의 도매상 경로를 모두 이용하였고, 각각의 경로마다 다른 브랜드를 판매하였다.

예를 들어, 국내 화장품업계의 대표라 할 수 있는 태평양의 경우 도매상 경로에는 'ABC'와 '리도' 브랜드를, 체인스토어 경로에는 '오스카'와 '부루버드' 브랜드를, 방문판매 경로에는 '아모레' 브랜드를 판매하였다. 하지만 이러한 방문판매 경로 중심의 복수 유통경로는 1980년대 후반에 들어서면서 큰 변화를 맞게 되었다.

1980년대에 비약적인 경제발전과 여성의 사회진출 확대로 인해 여성의 화장품 구매행태에 큰 변화가 일어났다. 이를 테면, 화장품을 구입할 때 방문판매보다는 백화점과 화장품 종합상(현재의 화장품 전문점) 등의 유통경로가 새롭게 각광받게 되었다. 화장품 종합상은 LG화학이 공식 유통경로로 채택함에 따라 더욱 확대되었고, 1990년대에 들어서면서 현재의 화장품 전문점 형태로 발전하여, 방문판매 경로를 앞지르게 되었다.

이렇게 화장품 전문점 경로가 번성할 수 있었던 것은 크게 3가지 측면으로 생각해 볼 수 있다. 첫째, 가격할인, 둘째, 다양한 구색, 셋째, 시간과 거리 상의 편의성이 그것이다. 먼저 전문점은 기존 방문판매 경로 브랜드가 가격이 비싸다는 인상을 주었던 데 반해, 30~50% 정도 가격을 할인해 줌으로써, 쉽게 화장품을 구매할 수 있도록 만들어 주었다. 또한 기존 방문판매 경로가 하나의 제조업체 브랜드만 취급했던 데 반해, 많은 제조업체의 다양한 브랜드를 선택할 수 있게 해 주었다. 뿐만 아니라 방문판매원이 집에 방문해 주길 기다릴 필요가 없이 가까운 전문점에 가서 저녁시간에도 구입할 수 있게 해 주었다(손영철 1998).

이러한 화장품 전문점의 등장은 화장품 유통경로의 발전에 있어서 큰 의미를 갖는다. 말하자면 방문판매 경로는 제조업체가 지배하던 유통경로였지만, 화장품 전문점의 등장으로 소비자 중심의 유통경로로 변하게 되었으며, 이로 인해 소비자와 가까이 있는 유통업자의 교섭력이 커지게 된 것이다.

〈그림 2-6〉 1990년대 주요 화장품 유통경로(전문점)

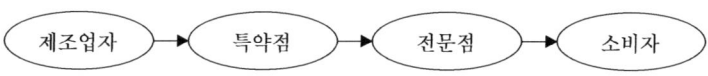

그러나 1990년대 중반 이후 전문점의 가격할인 경쟁이 치열해지면서, 전문점의 수익성이 악화되었고, 기존에 전문점이 가지고 있었던 강점들이 더 이상 소비자들에게 받아들여지지 않게 되었다. 소비자들은 IMF를 겪으면서, 가격에 대해 민감한 고객들과, 비싸더라도 신뢰할 수 있고 서비스가 좋은 브랜드를 찾는 고객들로 양분화되었다. 여기에 유통시장 개방으로 인한 대형할인점의 등장, 슈퍼마켓 화장품의 등장, 방문판매의 새로운 제도 개선, 다단계 판매의 출현 등은 기존 화장품 유통경로 변화 속도를 더욱 증가시켰다. 최근에는 의약분업으로 인해 약국이 새로운 화장품 유통경로로 등장하기도 하였다(화장품 신문사 1998).

이로 인해 전문점 경로의 매출은 점점 줄어들게 되었고, 최근에는 1:1 맞춤 서비스를 제공해 주는 방문판매, 백화점, 저렴한 가격을 제공해주는 대형할인점, 통신판매, 인터넷 판매 등에 의해 그 자리를 위협받고 있다.

〈그림 2-7〉 1990년대 말 화장품 유통경로

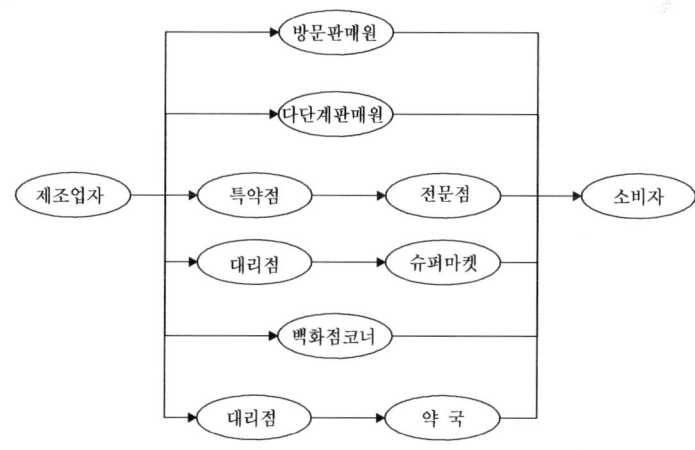

※ 자료원: 화장품 신문사, 화장품연감(1998)

이상에서 살펴본 우리나라 화장품 유통경로의 발전 과정을 요약해 보면, 유통
경로의 제조업자와 유통업자, 소비자 모두가 유통 변화에 영향을 주고 있음을
알 수 있다. 또한 제조업자 중심의 유통경로에서 소비자 중심의 유통경로로 변
화하고 있음도 알 수 있다. 잡화도매상 중심의 초기 유통경로에서 제조업자가
교섭력을 가지게 되는 방문판매 경로로, 유통업자가 교섭력을 가지게 되는 전문
점 경로로, 이제는 소비자의 다양한 욕구를 충족시켜 줄 수 있는 다양한 유통경
로로 발전하고 있다. 특히, 다양한 구색과 가격을 제공해 주는 유통경로와 신뢰
할 수 있는 브랜드와 서비스를 제공해 주는 유통경로가 최근 각광받고 있다.

2. 화장품 전문점 유통경로 현황

화장품 전문점이 탄생하기 이전까지 화장품 유통경로의 주를 이루었던 방문
판매 경로는 변화하는 소비자의 욕구에 대응하지 못한 채 점점 그 경쟁력을 잃
게 되었고, 1990년대에 이르러서는 그 주도권을 전문점 경로에 빼앗기게 되었다.

당시 전문점 유통경로는 기존 방문판매가 제공하지 못하는 가격, 구색, 시간
상의 편익을 제공하면서 한 때 화장품 유통경로의 70%이상을 차지하기까지 비
약적인 발전을 거듭하였다. 그러나 이러한 전문점도 영원한 강자일 수는 없었다.

다음 〈그림 2-8〉은 국내 화장품 유통경로별 매출액 변동 추이를 보여주고
있다. 그림을 보면 화장품 전체 시장규모(선 그래프)는 1996년 2조 4천억 원 정
도였던 것이 IMF 시기인 1998년을 제외하고는 매년 꾸준히 성장하여 6년만인
2001년에 두 배 가량 성장하였다(4조 9천억 원). 이러한 성장 추세는 2002년에
도 계속되어 2002년에는 5조 4천억 원에 달할 것으로 예상되고 있다.

하지만 전문점 유통경로(짙은 막대그래프)는 1997년 1조 6천 7백억 원이었
던 매출액이 2002년 1조 7천억 원으로 고작 300억 원 정도밖에 성장하지 못하
고 있다. 1997년 이후 거의 성장하지 못하고 있는 셈이다.

이에 반해 전문점을 제외한 거의 모든 유통경로의 매출액은 화장품 시장규
모의 성장과 함께 지속적으로 증가하고 있다. 특히, 직접판매, 방문판매, 백화
점, 할인점, 통신판매 등의 성장이 두드러지고 있다.

〈그림 2-8〉 국내 화장품 유통경로별 매출액 변동 추이(단위: 원)

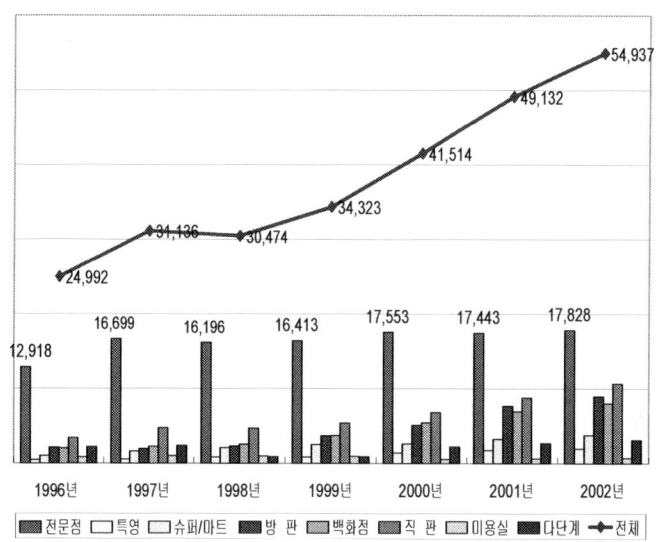

※ 자료원: ㈜태평양 마케팅부문

　이로 인해 전문점 유통경로의 전체 화장품 유통경로 내 구성비는 급격히 감
소하고 있다. 전문점 유통경로 내 구성비 추이를 살펴보면 다음 그림과 같다.

〈그림 2-9〉 화장품 유통경로의 매출 구성비 추이

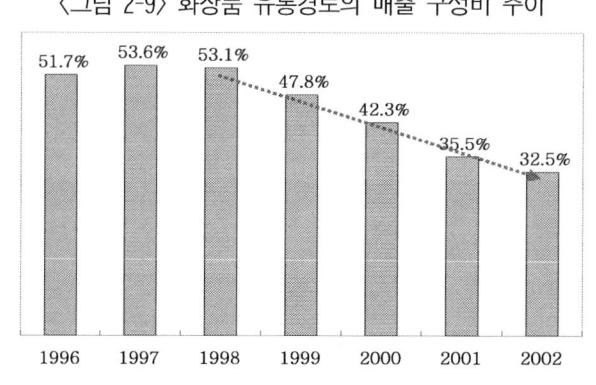

※ 자료원: ㈜태평양 마케팅부문

〈그림 2-9〉를 보면 1997년 53.6%이었던 전문점 유통경로가 2002년에는 32.5%까지 떨어졌다. 아직까지는 유통경로 중 최대 매출액을 보이고는 있지만 언제까지 그 상태가 지속될지는 잘 모른다.

이러한 상황은 전문점의 수에서도 잘 나타나고 있다. 1980년대 후반 발생한 화장품 전문점은 90년대 중반까지 급격히 증가하여 1988년에 약 6,000개에 불과하던 것이 1994년에는 약 24,000개까지 증가하였다. 하지만 1990년대 중반 이후 전문점 수는 점차 줄기 시작하여 2001년에는 14,000개까지 감소하게 되었다.

〈그림 2-10〉 전문점 수의 변화

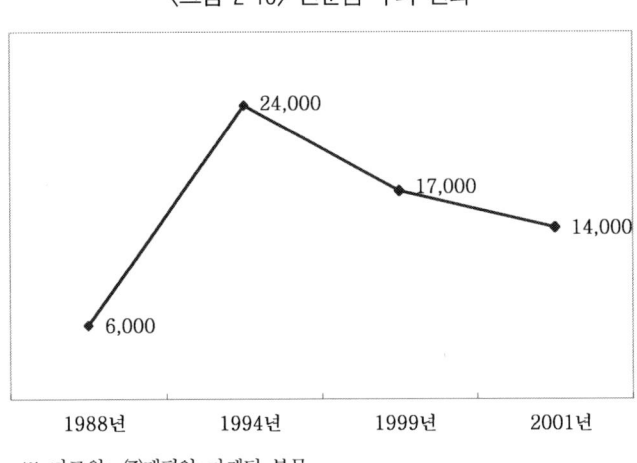

※ 자료원: ㈜태평양 마케팅 부문

이처럼 화장품 전문점의 수가 감소하고 있는 이유는 IMF 이후 전문점 유통경로 내 구조조정이 활발히 일어난 결과라 할 수 있다. 상대적으로 경쟁력이 부족한 소규모 전문점들은 소비자의 소비심리 위축으로 인해 경영난을 겪거나 파산하게 되었고, 규모의 경제 효과를 누릴 수 있는 중·대형점 위주로 시장이 재편되어 가고 있다. 특히 대형 전문점들은 제조업자와 직거래 및 대량매입을 통해 상품의 매입원가를 낮추고, 각종 리베이트, 판촉지원 등을 받으면서 수익성을 확보하고 있다. 뿐만 아니라 대형 전문점들은 고객 데이터베이스를 구축하고 자체적인 고객 서비스를 강화하면서 경쟁력을 갖추어 나가고 있다.

반면 전체의 대부분을 차지하고 있는 중소형 전문점들은 전문점 시장 위축으로 인해 매출이 부진하게 되었고, 이를 타개하기 위해 전문점 간 제살깎기식 경쟁을 할 수밖에 없었다. 전문점들은 경쟁 점포보다 더 많은 할인, 더 많은 판촉물을 제공해 주어야만 목표로 한 매출을 달성할 수 있었고, 공멸하는 길이라는 것을 알면서도 당장 내일의 매출을 위해 가격할인 경쟁을 하지 않을 수 없었다.

그러나 전문점 입장에서 더욱 심각한 문제는 전문점 간 가격경쟁이 가격체계를 혼란스럽게 만들었고, 소비자는 오늘 자기가 산 상품의 가격에 대해 신뢰하지 못하게 되었다. 이는 결국 그 제품을 판매한 전문점과 그 제품을 제조한 제조업자에 대한 불신으로 이어졌고, 제품에 대해 느끼는 가치 또한 감소하게 되었다.

소비자는 소비자 나름대로 전문점을 불신하고, 더 많은 가격할인을 요구하고, 전문점은 이러한 고객의 욕구를 충족시켜 주기 위해 도매상인 특약점에게 더 많은 가격할인과 판촉지원을 요구하며, 이는 다시 그대로 제조업자에게 전달된다. 제조업자는 결국 이들의 요구를 들어주기 위해 제품 공급가를 낮추게 되고, 추가적인 판촉지원을 하게 되며, 이는 고스란히 제품 가격으로 반영되어, 소비자가 구매하는 제품의 가격이 더 높아지게 된다. 결국 소비자는 제품의 높은 가격에 불만을 갖고 더 많은 가격할인을 전문점에 요구하게 되며, 이러한 악순환이 계속된다.

이처럼 국내 전문점 시장은 점점 시스템적인 경쟁력을 잃어가고 있다. 이러한 상황에서 최근 고객 서비스 강화를 통해 급속히 성장하고 있는 인적 판매 유통경로(방문판매, 직접판매, 다단계판매 등)와 전문점보다 낮은 가격에 제품을 제공하고 있는 할인점, TV홈쇼핑, 인터넷 쇼핑몰은 기존의 전문점 고객들을 전문점에서 떠나게 만들고 있다. 더욱이 최근 국내시장에 활발히 진입하고 있는 글로벌 화장품 회사들은 그들만의 독자적인 유통경로를 구축하거나 기존 전문점 유통경로에 혁신을 일으킬 가능성이 높다.

다음 〈그림2-11〉은 국내 전문점 유통경로의 비효율성을 그림으로 표현한 것이다. 그림을 보면 국내 화장품 유통경로가 물류 측면, 상품기획 측면, 현금 (가격) 측면에서 비효율성을 보이고 있음을 나타내고 있다.

〈그림 2-11〉 국내 화장품 전문점 유통경로의 비효율성

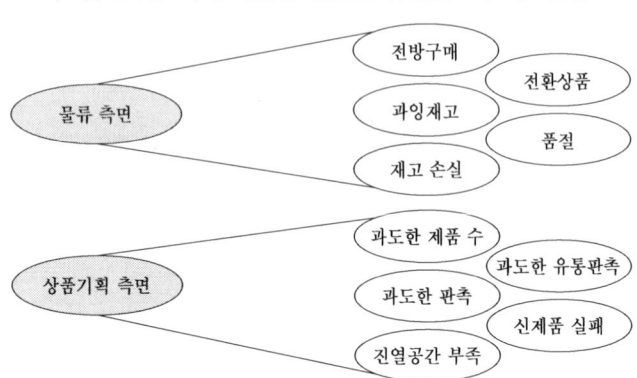

먼저 물류 측면에서 보면, 대량매입을 통해 제조업자의 리베이트를 받으려고 하는 특약점과 전문점은 특별 판촉 행사기간에 상품을 대량으로 미리 매입하고, 행사기간이 지난 후에는 구매량을 대폭 줄이는 전방구매의 패턴을 보인다. 또한 복수의 점포를 소유한 전문점의 경우는 여러 전문점에서 필요한 상품을 일괄적으로 구매해서 개별 점포에 배분할 뿐 아니라 소형 전문점 또는 회색시장의 도매상에게 전환상품으로 되팔기도 한다. 이 때문에 공급체인 전체에는 최종소비자에게 필요한 양보다 훨씬 많은 양의 제품이 불필요하게 재고형태로 남아 있고, 정작 필요한 제품은 품절 현상을 보이는 경우가 많게 된다. 결국 불필요한 재고 및 물류관리 비용이 발생하게 된다.

두 번째로 상품기획 측면을 보면, 매출부진으로 인해 수익성이 악화된 전문점들은 최종소비자가 원하는 상품을 공급한다기 보다는 전문점의 수익을 창출할 수 있는 마진이 높은 제품을 권유하여 판매하려는 경향을 보이고 있다. 뿐만 아니라 가격할인 경쟁으로 인해 상품의 지각된 가치가 하락하면서 제조업체의 신상품은 그 성공확률이 매우 낮아졌다. 결국 신상품 출시를 통해 매출을 확보하려는 제조업체들은 지나치게 빈번한 신상품을 출시했고, 전문점의 진열공간이 부족할 정도로 제품 품목 수가 과도하게 증가하였다.

이에 따라 판매촉진 비용도 과도하게 증가하였다. 제조업체는 전문점이 자사의 제품을 가능한 한 많이 판매하게 하기 위하여 판매장려금, 진열장려금,

교육장려금 등 유통업자에게 다양한 판촉활동을 수행할 수밖에 없게 되었다. 결국 막대한 신상품 개발비용과 판촉비용은 제품의 소비자 가격으로 반영되어 소비자의 부담으로 작용하게 되었다.

3. 화장품 전문점 유통경로에 관한 연구

국내 화장품 전문점 유통경로에 관한 연구로는 오세조, 권순기, 김상덕, 박정아, 조현진(2003)이 있다. 오세조 등(2003)은 국내 화장품 전문점의 문제점을 목표달성 측면, 유통기능흐름 측면, 그리고 관계관리 측면의 문제점으로 나누어 진단하였다. 각각의 문제점을 표로 나타내면 다음과 같다.

〈표 2-4〉 목표달성 측면에서 전문점 유통경로의 문제점

구분	제조업체	전문점	소비자
문제점	수익성, 성장성, 건전성 악화	수익성, 성장성, 건전성 악화	수익성, 건전성 악화
원인	전문점 매출 부진 상품 공급가 인하 과도한 유통업자 판촉 (리베이트, 장려금)	소비자 소비위축 타 경로로의 이탈 과도한 가격할인 경쟁 과도한 소비자 판촉	소비자 부담 증가, 고가 제품 위주의 신상품 출시

〈표 2-5〉 유통기능흐름 측면에서 전문점 유통경로의 문제점

구분	제조업체	전문점	소비자
물적흐름	과잉재고, 품절	과잉재고, 품절, 진열공간 부족	진부화된 상품 구입, 유행상품 구입 어려움
반품	방대한 반품량	반품이 잘 안됨	반품이 잘 안됨
촉진	과도한 판촉비용	판촉 부족	판촉 부족
협상	협상 부족	협상 부족	협상 부족
금융	양호함	카드결재 안됨	양호함
위험부담	재고위험 분담 부족	재고위험 분담 부족	없 음
주문	자동발주시스템 구축 어려움 주문절차, 주문시간 비효율성 상존	주문과정의 혼란, 잘못된 주문, 부정확한 재고파악	발견되지 않음
대금결재	양호함	양호함	양호함

〈표 2-6〉 관계관리 측면에서 전문점 유통경로의 문제점

구분	제조업체	전문점	소비자
문제점	갈등, 불신, 규범 없음	갈등, 불신, 서비스부족	욕구 미충족, 다른 경로로 이탈
원인	전문점의 기회주의 전문점의 가격 할인 전문점의 상품 유출 전문점의 강압적 대응	제조업체의 기회주의 제조업체의 가격 통제 제조업체의 강압력 사용	전문점의 고객욕구 미대응

특히, 오세조 등(2003)은 화장품 전문점 유통경로가 관계관리 측면에서 큰 문제점을 가지고 있다고 지적하고 제조업체와 전문점 간 신뢰관계 구축을 위한 구체적이고 지속적인 노력이 필요하다고 주장하였다. 보다 구체적으로 제조업체와 전문점이 서로를 경쟁자로 보는 것이 아니라 장기적인 파트너라는 인식을 가져야 하고, 서로 간의 약속을 지키며, 기회주의적 행동을 최소화하기 위한 통제장치를 마련하는 것이 중요하다고 하였다.

제3장 연구 가설과 연구 모형

본 장에서는 제2장에서 제시한 이론적 배경을 토대로 연구의 가설을 수립하고 연구의 모형을 설정한다. 연구의 가설은 크게 세 가지로 나뉘어져 있는데, 첫째는 환경 불확실성이 유통경로의 내부정치 구조와 과정에 미치는 영향에 관한 가설들이고, 둘째는 내부정치 구조와 과정이 경로 구성원 간 영향전략에 미치는 영향에 관한 가설들이며, 마지막으로 관계특성 변수들이 관계의 질에 미치는 영향에 관한 가설들이다.

이 가설들을 토대로 본 연구에서는 하나의 통합적인 연구모형을 설정할 것이며, 이 연구모형을 검정함을 통해 환경 불확실성이 제조업체와 소매업체 간 관계특성과 관계의 질에 미치는 영향을 규명하고자 한다.

제1절 연구 가설

1. 환경 불확실성이 내부정치 구조와 과정에 미치는 영향에 관한 가설

과거 20년간 많은 학자들이 유통경로 구조와 과정에 대한 거시 환경의 영향을 발견하기 위해 정치경제 패러다임을 사용하였다(Stern and Reve 1980, Achrol, Reve, and Stern 1983, Fraizer 1983, Hutt, Mokwa, and Shapiro 1986, Dwyer, Schurr, and Oh 1987, Fraizer 1999, Dutta, Heide and Bergen 1999 등). 이러한 연구들의 대부분에서 연구자들은 경로 관계를 관리하는데 효

율성을 강조하면서 경로 구성원들의 적극적인 선택행동을 설명해 왔다. 예를 들어 Dwyer, Schurr, and Oh(1987)는 갈등과 협력, Fraizer(1983)는 힘-의존 관계와 같은 힘의 균형, Dutta, Heide and Bergen(1999)은 전통적인 경제 효율성 관점으로부터 규제나 기타 요인들 같은 외부 상호작용(extradyadic) 개체들과의 관계라는 연구 설정을 하고 환경 불확실성과 환경적 자원에의 의존성에 관한 함의를 찾아왔다.

이처럼 대부분의 유통경로에 관한 연구들은 정치경제 프레임웍에서 연구되었고, 그 안에서 채널 상호관계(dyad)는 경제적 그리고 사회정치적 힘에 의해 영향을 받는 사회 시스템으로 간주되었다(Stern and Reve 1980).

이때 연구자들은 외부 환경에 의해 영향을 받는 유통경로의 관계특성을 주로 내부 경제 구조와 과정, 내부 사회정치 구조와 과정, 그리고 외부 경제 환경에 초점을 맞추어 왔고(Achrol, Reve, and Stern 1983), 채널 상호관계의 환경 내에서 운영되는 수평적인 시장 개념으로 발전시켰다(Hutt, Mokwa, and Shapiro 1986).

예를 들어, 내부경제과정(경로 구성원에 의해 사용되는 의사결정 메커니즘의 본질)을 연구하는 학자들은 집중화, 공식화, 참여화가 경로 관계의 기능에 영향을 준다고 보았다(Dwyer and Oh 1987, John 1984).

또한 내부정치구조(경로 구성원 간 힘-의존성 관계의 본질)를 연구하는 학자들은 한 경로 구성원의 다른 구성원에 대한 힘의 소유, 사용, 그리고 영향(Anderson and Weitz 1992, Frazier 1983), 경로 구성원에 대한 의존성(Kumar, Scheer, and Steenkamp 1995, Lusch and Brown 1996), 통제기제의 성과 결과(Bello and Gilliland 1997, Celly and Frazier 1996) 등에 관해 연구하였다.

한편 내부정치과정(주도적인 채널 분위기)을 연구하는 연구자들은 협력 / 갈등(Frazier and Rody 1991), 결속(Morgan and Hunt 1994), 사회 규범(Heide and John 1992)이 채널 태도에 영향을 준다고 결론을 내렸다.

본 연구에서는 이와 같은 내부정치경제 변수들에 대해 화장품 전문점 유통경로 구성원(영업사원, 전문점 주)과 인터뷰를 한 결과 힘의 불균형과 영향전략 (내부정치구조), 협력 / 갈등(내부정치과정) 등이 환경 불확실성으로 인해 발생되는 주된 변화임을 발견하였다. 이에 따라 환경 불확실성이 어떻게 힘의 불균형, 영향전략, 협력 등에 영향을 미치는 것인가에 대한 가설들을 제시하고자 한다.

가. 환경 불확실성과 힘의 불균형에 관한 가설

Achrol, Reve, and Stern(1983)은 환경의 내부정치경제에 미치는 영향에 관한 다수의 전제를 통해 유통경로 구성원 간 힘의 불균형과 협력에 대해 언급하였다.

그들에 의하면 환경 불확실성은 환경에 보다 효과적으로 적응하고, 환경 불확실성을 줄일 수 있는 거래 당사자 쪽으로 힘이 이동하고, 높은 불확실성에 처한 거래 당사자는 점점 더 불확실성에 잘 대응하는 상대방에게 의존하게 된다(내부정치구조의 변화)고 주장하였다. 이를 자원기반 관점(Pfeffer and Salancik 1978)에서 보면, 환경 자원이 시스템의 효과적인 기능수행을 위해 결정적일수록, 그리고 그 자원의 공급이 불확실할수록, 그 자원의 가용성을 통제하려는 노력이 발생하게 된다. 이때 통제하려는 노력은 과업환경의 관련 부문을 감시하는 정보시스템의 개발을 통해 이루어지는데, 불확실성에 관한 정보시스템을 성공적으로 갖춘 경로 구성원 쪽으로 힘의 구조가 변화하게 된다.

제조업체와 소매업체 간 관계에서도 이러한 현상이 발생할 수 있는데, 환경이 불확실할수록, 환경변화를 신속하고 정확하게 파악하고 대처할 수 있는 구성원이 힘의 우위를 갖게 되며, 그렇지 않은 구성원은 상대방에 대해 의존성이 심화되게 될 것이다. 이러한 현상은 특히 환경의 다양한 부문 중 수요부문에서 강하게 나타날 것이다.

예를 들어, 본 연구의 대상 산업인 화장품 전문점 유통경로의 경우 고객의 욕구와 상품의 판매량을 예측하기 힘든 상황에서 제조업체가 고객과 시장의 정보를 잘 알고, 변화에 잘 대응한다면 제조업체 쪽으로 힘의 불균형이 더욱 심화될 것이다. 이상의 내용을 토대로 다음과 같은 가설이 도출될 수 있다.

가설 1: 제조업체에게 편중된 힘의 구조 하에서 수요부문 환경 불확실성이 커
질수록 제조업체와 소매업체 간 힘의 불균형이 더욱 심화될 것이다.

나. 환경 불확실성과 경로 구성원 간 협력에 관한 가설

Achrol, Reve, and Stern(1983)은 유통경로 시스템이 수요부문 환경의 불확실성으로부터 자신을 보호하기 위하여 외부 환경을 보다 잘 조정하려는 노력을 하게 되고, 핵심 경로 관계에 대한 경쟁조직의 위협들을 공공의 적으로 인식하게 하여 보다 협력적인 관계를 갖게 한다고 주장하였다.

예를 들어, 수요부문 과업환경이 불확실할수록 경로 구성원 간 긴밀한 수직적 연결을 통해 고객과 시장의 불확실성에 대처하려고 한다(Achrol, Reve, and Stern 1983). 그런데 만약 이때 경로 구성원 간 갈등(또는 기회주의적 행동)이 심할 경우 긴밀한 수직적 연결이 어렵게 되므로 유통경로 구성원들은 보다 협력적인 관계를 구축하려고 노력할 것이다. 그렇지 않고 불확실한 환경 하에서 갈등을 계속할 경우 경로 구성원 간 의존성이 줄어들게 되어 기존의 경로 관계로는 불확실성에 대처하기 어렵게 될 것이다.

즉, 경로 구성원 간 갈등을 하는 것이 경로 관계의 경쟁력을 약화시켜 경쟁 조직에게 기회를 제공할 수 있기 때문에 경로 구성원 간 협력을 통한 공동대응을 하게 된다. 이는 Dwyer and Oh(1987b)의 연구에 의해서도 나타났는데, 업태 내(intertype)경쟁이 발생했을 때, 공급업체와 소매업체는 가격인하, 상품 구색변화, 광고확대 등과 함께 거래 당사자 간의 협력을 보다 강화하였다.

이와 같은 현상은 본 연구의 연구 설정인 제조업체와 소매업체 간 관계에서 도 발생할 수 있다. 예를 들어, 고객의 욕구와 상품의 판매량을 예측하기 어려운 경우 제조업체와 소매업체는 상호 협력을 강화하여 고객과 시장의 정보를 획득하고, 환경변화에 대처하려 할 것이다. 이상의 내용을 토대로 다음과 같은 가설이 도출될 수 있다.

가설2: 수요부문 환경 불확실성이 커질수록 제조업체와 소매업체 간 협력이
강화될 것이다.

2. 내부정치 구조와 과정이 유통경로 구성원 간 영향전략에 미치는 영향에 관한 가설

앞서 언급한 바와 같이 영향전략이라 함은 경로 파트너인 표적기업(target firm)의 행동을 변화시키려는 원천기업(source firm)의 경계인(boundary personnel)이 행하는 의사소통의 구조와 내용을 의미한다(Frazier and Rody 1991).

이러한 영향전략에 유통경로의 내부정치 구조와 과정이 미치는 영향은 Dwyer and Walker(1981), Frazier, Gill, and Kale(1989), Frazier and Rody(1991), Dwyer, Oh, and Kim(1995), Kim(2000) 등에 의해 이루어졌다.

본 연구에서는 유통경로의 내부정치구조 변수로서 힘의 불균형 변수와 협력 변수에 초점을 맞추고 있으며, 각각이 제조업체의 소매업체에 대한, 또 소매업체의 제조업체에 대한 영향전략에 어떠한 영향을 미치는지에 대한 가설을 수립하고 있다. 여기에 영향전략이 가지고 있는 호혜성(reciprocity)에 관한 가설을 추가적으로 덧붙이고 있다.

한편 본 연구에서 연구되고 있는 영향전략은 약속(promise), 위협(threat), 법적 탄원(legalistic plea), 요청(request), 정보교환(information exchange), 권고(recommendation) (Frazier and Rody 1991) 등 총 6가지 영향전략 중 비강압적(noncoercive) 영향전략이라 할 수 있는 정보교환과 요청, 권고(Frazier and Summers 1986) 전략이다. 물론 6가지 영향전략을 모두 연구하는 것이 보다 많은 경영학적 함의를 제공하고 영향전략 간 상호작용도 연구할 수 있지만 연구모형의 간명성(parsimoniousness)을 위해 비강압적 영향전략만을 연구에 포함시켰다. 이는 비강압적 영향전략과 강압적 영향전략이 負의 상관관계를 갖기 때문이다(Frazier and Summers 1986). 물론 연구모형의 경영학적 함의를 도출하는 과정에서는 강압적 영향전략에 대한 추론도 시도하였다.

가. 힘의 불균형이 유통경로 구성원 간 영향전략에 미치는 영향에 관한 가설

앞서 언급한 바와 같이 기업 간 힘의 구조가 가지는 두 가지 속성은 힘의 크기(magnitude)와 힘의 불균형(asymmetry)이다(Gundlach and Cadotte 1994, Kumar, Scheer, and Steenkamp 1995). 여기서 힘의 크기는 전체 힘(total power)의 개념으로 거래 당사자 양방의 힘의 합이고, 힘의 불균형은 거래 당사자 양방간 힘의 차이이다.

이 중 유통경로 구성원 간 영향전략과의 관계는 힘의 불균형 속성 측면에서 많이 연구되었다. 하지만 연구에 따라 상반된 연구결과가 나타났다. 예를 들면, Frazier, Gill, and Kale(1989) 등의 연구에서는 힘이 불균형일 때 힘이 강한 경로 구성원들은 그렇지 못한 경로 파트너에게 강압적 영향전략을 사용한다는 사실을 발견하였고, Anderson and Narus(1986), Frazier and Summers(1986) 등의 연구에서는 그 반대의 결과가 나타났다. 심지어 힘과 강압적 영향전략 간에는 상관관계가 없는 것으로 나타난 연구도 있었다(Ganesan 1993).

본 연구에서는 이와 같은 상반된 연구 결과들 중 본 연구와 비슷한 대상 산업과 연구설정을 가진 Frazier, Gill, and Kale(1989)의 관점을 채용하였다. 다시 말해, 우리 나라의 화장품 전문점 유통경로는 선진국의 유통경로에 비해 덜 발달한 시스템을 가지고 있으며, 제조업체와의 관계가 핵심 경로 관계이기 때문에 개발도상국의 제조업체와 딜러 간 연구설정을 사용한 Frazier, Gill, and Kale(1989)의 연구와 일관성 있는 결과가 나올 것이라 생각할 수 있다.

① 제조업체의 비강압 영향전략에 대한 가설

Frazier, Gill, and Kale(1989)에 의하면 개발도상국과 같이 제조업체의 힘이 강한 경우 제조업체는 유통업체와 강하고 협력적인 관계를 구축하려는 동기부여가 잘 되지 않는다. 왜냐하면 (1)협력적인 경로 관계를 구축하고 유지하는 비용이 많이 들며, (2)협력했을 때의 편익을 규명하기 어렵기 때문이다.

따라서 제조업체는 유통업체가 제한된 그들의 역할, 즉 즉각적인 대금결재, 영업구역의 적절한 유지관리 등을 잘 수행하는지 정도만 확인하는데 관심이 있다. 또한 기업 간 수직적 조정이나 협력이 그다지 중요하지 않기 때문에 기업 간 영향전략은 제조업체 관점에서 문제가 발생했을 때에만 나타나는 경우가 많다.

이러한 상황에서 유통업체의 경로 관계에 대한 의존성 수준은 제조업체의 강압적인 영향전략의 수행과 정의 관계를 가지게 된다. 즉, 유통업체의 힘이 부족하여 제조업체와 힘의 불균형이 심할수록 제조업체는 강압적인 영향전략을 수행하게 된다(Frazier, Gill, and Kale 1989). 왜냐하면 기업 간 협력체 제를 구축하는 것은 중요도가 낮고, 제조업체는 그들이 원하는 목적, 예를 들면, 대금결재 문제의 해결을 가능한 한 빨리 달성하기 위한 영향전략에만 관심을 갖기 때문이다.

영향전략의 사용이 이러한 목적이라면 즉각적인 유통업체의 행동 반응을 일으킬 수 있는 강압적 영향전략이 매우 효율적이다(Frazier and Summers 1984). 이는 힘이 약한 유통업체가 힘이 강한 제조업체와의 관계를 종결하기 매우 어렵기 때문이다.

따라서 힘의 불균형이 심할수록 제조업체는 유통업체에게 강압적인 영향전략을 사용하려 할 것이며, 비강압적인 영향전략을 사용하려 하지 않을 것이다.

가설3: 제조업체에게 편중된 힘의 구조 하에서 힘의 불균형이 심화될수록 제조업체는 소매업체에게 비강압적 영향전략을 더 적게 사용할 것이다.

② 소매업체의 비강압 영향전략에 대한 가설

유통업체는 제조업체의 힘이 강한 내부정치 구조 하에서는 영향전략을 보다 적게 사용할 것이다. 왜냐하면 유통업체의 의존성 정도는 유통업체의 영향전략의 사용과 역의 관계가 있다. 따라서 제조업체에 대한 의존성이 강한 유통업체는 관계에 있어서 매우 불리한 입장에 서 있다. 그러한 상황에서는 유통업체가 영향전략을 사용할 기회는 매우 적다(Frazier, Gill, and Kale 1989).

다만 유통업체가 제조업체에게 영향전략을 사용하는 경우는 (1)유통업체가 상대적으로 낮은 의존성을 가진 경우, (2)유통업체 관점에서 보았을 때 제조업체를 도저히 신용하지 못하는 문제가 발생했을 경우이다.

이러한 상황에서 나타나는 유통업체의 영향전략은 강압적인 영향전략이며, 제조업체의 역할 성과 수준은 유통업체의 강압적 영향전략 사용에 영향을 주지 못한다(Frazier, Gill, and Kale 1989).

예를 들어 거래 파트너가 정보를 왜곡하고, 업무에 소홀하며, 약속을 어긴다는 것을 발견하면 그 거래 파트너를 믿을 수 없게 되며, 이러한 경우 비강압적 영향전략보다는 강압적 영향전략을 사용하려 할 것이다.

요컨대, 제조업체의 힘이 강할수록 유통업체는 영향전략 자체를 사용하지 못하거나 사용하더라도 강압적 영향전략일 것이다. 따라서 제조업체 쪽으로 힘의 불균형이 심할수록 유통업체는 비강압적 영향전략을 사용하지 않을 것이다.

가설4: 힘의 불균형이 심할수록 소매업체는 제조업체에게 비강압적 영향전략을 더 적게 사용할 것이다.

나. 협력이 유통경로 구성원 간 영향전략에 미치는 영향에 관한 가설

협력(cooperation)은 거래 파트너들이 공동 목적과 개별 목적을 모두 달성하기 위해 함께 일하는 것을 말하고 협력규범(cooperative norms)은 이러한 협력에 대한 기대감이다(Cannon and Perreault Jr. 1999). 다시 말해, 협력은 한 쪽의 다른 쪽에 대한 순응(acquiescence)을 의미하는 것이라기 보다는모두가 성공하기 위해서는 반드시 함께 일해야 한다는 이해를 가지고 행동하는 것을 의미한다 (Anderson and Narus 1990).

이러한 협력은 유통경로의 수직적 조정을 달성하는 핵심적인 역할을 한다(Anderson and Narus 1990, Morgan and Hunt 1994). 즉, 협력이 공동의 목표를 달성하고, 상호간의 발전을 도모하기 위한 것이므로 협력적인 유통경로에서 유통경로 구성원들은 서로 긴밀한 정보교환을 하고, 가치를 공유하여 마치 수직적으로 통합된 것과 같은 효과를 보일 수 있다.

예를 들어, 협력이 잘 이루어지는 제조업체와 유통업체는 상품 개발의 초기 단계부터 공동으로 참여하고, 비용 정보를 공유하며, 상품개발계획을 토의하고, 수요 및 공급 예측 정보를 제공한다. 이렇게 하면서 거래 파트너는 상호간 행동의 보다 나은 결과를 이해하게 된다.

이처럼 거래 파트너 간 협력관계가 구축되면 거래 파트너들은 공유된 가치에 집중하고 상대방의 기회주의적 행동을 최소화하기 위해 압력을 가하거나 사회적 처벌을 가하지 않는다(Cannon and Perreault Jr. 1999). 다시 말해, 위협, 법적 탄원 등과 같은 방법으로 상대방을 통제하기 보다는 정보교환, 권고, 요청 등과 같은 방법으로 영향을 주려 한다.

따라서 유통경로 구성원 간 협력이 활발히 일어날수록 상호간에 비강압 영향전략의 사용이 많아질 것이다.

> *가설5: 제조업체와 소매업체 간 협력이 활발히 일어날수록 제조업체는 소매업체에게 비강압적 영향전략을 더 많이 사용할 것이다.*

> *가설6: 제조업체와 소매업체 간 협력이 활발히 일어날수록 소매업체는 제조업체에게 비강압적 영향전략을 더 많이 사용할 것이다.*

3. 관계특성 변수들이 관계의 질에 미치는 영향에 관한 가설

본 연구에서의 관계 질은 Dwyer, Schurr, and Oh(1987)의 연구에서 관계 형성과정의 최종 단계로서 강조된 결속(commitment)의 개념으로 살펴보겠다.

결속은 교환 파트너 간의 관계의 지속에 대한 암시적, 명시적 서약을 뜻한다 (Dwyer, Schurr, and Oh 1987). 즉 결속은 일반적으로 자주 변화하지 않으며, 더 나아가 사람들은 자신들이 가치 없다고 생각하는 행동에는 참여하지 않는 성질을 지니고 있다(Moorman, Zaltman, and Deshpande 1992). Anderson and Weitz(1992)는 관계에서의 장기지향성을 결속이라고 언급하면서, 상호간의 결속은 결과적으로 독립적인 경로 구성원들이 고객의 필요에 더 잘 지원하며, 상호간의 이익을 더 증가시킬 수 있도록 같이 일하게 한다고 지적하였다. 또한 지속적인 관계성에서의 결속은 안정적인 관계에 대한 욕망과 이러한 관계를 유지하기 위해서 단기적인 희생을 할 자발적 의도, 그리고 관계의 안정성에 대한 확신을 발전시키도록 한다고 지적하였다.

따라서 결속이 이루어진 유통경로 상에서는 공급업체 또는 제조업체는 시장 정보를 보다 원활하게 얻을 수 있고, 신제품을 보다 효과적으로 개발하여 출하할 수 있으며, 유통업자들이 경쟁사의 제품을 홍보 또는 판매하려는 의도를 줄일 수 있다. 또한 결속에 바탕을 둔 관계를 형성하고 있는 소매업체의 경우는 자신의 고객들이 원하는 제품을 보다 쉽게 얻을 수 있으며 자신들을 경쟁 소매상과 차별적 위치에 놓을 수 있는 기회를 얻을 수 있다(Stern, El-Ansary, and Coughlan 1996). 결국 결속이 제조업체와 소매업체 간 관계의 질을 평가하기에 매우 적합한 변수임을 알 수 있다.

가. 힘의 불균형이 유통경로 구성원 간 결속에 미치는 영향에 관한 가설

앞서 언급한 바와 같이 A의 B에 대한 힘은 가치 있는 자원에 대한 B의 A에 대한 의존성에 의해 결정된다(Emerson 1962). 그런데 일반적으로 힘의 불균형이 심할 때 힘이 강한 쪽은 힘을 행사하려 하는 경향이 있다(McAlister, Bazerman and Fader 1986). 이에 반해 힘이 약한 쪽은 힘이 강한 쪽의 착취(exploitation)에 대한 두려움 때문에 행동을 하게 된다. 이러한 경우 강한 쪽의 힘의 사용은 그 힘의 정당성(justice)을 확보해야 하는데, 정당성을 확보할 때는 상대방의 순응을 유도하지만 그렇지 않을 때는 관계의 종결을 초래할 수 있다(Dwyer, Schurr, and Oh 1987).

또한 힘이 불균형일 때는 상호간 커뮤니케이션에도 영향을 주는데 상호간 커뮤니케이션은 힘이 균형을 이룰 때에 비해 빈도가 적고, 일방향적이며, 공식적 형태이고, 직접적인 내용을 담고 있다. 이러한 커뮤니케이션은 관계적인 구조 하에서 거래 당사자 간의 결속을 약화시킨다(Mohr and Nevin 1990).

요컨대, 힘이 불균형인 경로 구성원 간 관계 하에서는 힘이 균형적인 관계에 비해 낮은 수준의 결속을 보이게 된다(Dwyer, Oh, and Kim 1995).

본 연구에서는 제조업체의 힘이 강한 국내 화장품 전문점 유통경로를 대상으로 연구를 수행하였기 때문에 이러한 힘의 불균형은 강자인 제조업체가 약자인 소매업체보다 힘을 더 많이 가지게 됨을 의미한다.

따라서 제조업체와 소매업체 간 힘이 불균형적일수록, 제조업체가 더 많은 힘을 가질수록 상호 결속은 약화될 것이다.

가설7: 제조업체와 소매업체 간 힘이 불균형적일수록 상호간의 결속이 약화
될 것이다.

나. 협력이 유통경로 구성원 간 결속에 미치는 영향에 관한 가설

협력(cooperation)은 거래 당사자 간의 상호 목표를 달성하기 위한 마케팅 기능에 의해 취해지는 보완적인 조정행동(complementary coordinated actions)을 의미한다(Anderson and Narus 1990). 이러한 협력에 대해 Morgan and Hunt(1994)는 협력이 관계 내의 거래 양방으로 하여금 서로의 이익을 달성하기 위해 적극적으로 참여할 것을 요구하고, 따라서 협력은 관계의 성공을 촉진한다고 하였다.

또한 협력규범(cooperative norm)은 두 교환 파트너가 상호 그리고 개인적 목표를 동시에 달성하기 위하여 함께 일하려고 하는 기대감을 반영한다. 여기에 정의된 바와 같이 협력규범은 한 쪽의 다른 한쪽의 욕구에 대한 순응이라기 보다는 양쪽이 같은 방식으로 행동하고, 성공하기 위해서 함께 일해야만 한다는 사실을 이해한다는 것을 의미한다(Anderson and Narus 1990). 유통경로 구성원 간 협력관계가 구축되고, 상호간의 협력 규범이 형성될 때거래 당사자들은 개인적인 계획을 충족시킬 뿐 아니라 관계를 유지하기 위한 행동을 하게 되고 (Cannon and Perreault Jr. 1999), 이는 상호간의 결속을 강화시킬 것이다.

가설8: 제조업체와 소매업체 간 협력이 강화될수록 상호간의 결속이 강화될
것이다.

다. 영향전략이 유통경로 구성원 간 결속에 미치는 영향에 관한 가설

공급업체가 유통업체에게 특정 행동을 수행하도록 직접적으로 압력을 넣고, 순응하지 않을 경우 발생할 부정적인 결과를 강조할수록, 유통업체는 공급업체가 자기와 다른 목표를 가지고, 유통업체를 희생시켜 공급업체의 목표를 달성하려 한다고 생각하게 된다. 이처럼 강압적 영향전략의 사용은 두 기업 간의 공유된 믿음의 정도를 낮추게 된다(Gaski and Nevin 1985). 더욱이 강압적 영향전략의 빈번한 사용은 갈등을 증대시키고(Brown, Lusch, and Muehling 1983), 경로 구성원의 만족을 감소시키며(Gaski 1984), 나아가 두 기업의 일체감을 손상시킨다(Johnson, Cote, and Onzo 1993). 뿐만 아니라 관계를 해지하려는 의도도 발생하게 한다(Frazier and Summers 1986).

이와 같은 현상은 힘의 원천으로도 설명 가능하다. 임영균(1990)은 힘의 원천과 결속의 관계를 설명하면서 강제력은 결속을 저해하고, 준거력은 결속을 강화한다는 연구결과를 얻었다. 여기서 강제력은 강압적 영향전략의 사용과 밀접한 관련을 가지고 있기 때문에 강제력을 가진 원천기업은 표적기업에게 강압적 영향전략을 사용하게 되고, 결국 상호 결속을 저해하게 된다.

반면 시장 정보를 교환하고 유통전략을 토론하며, 표적기업의 이익을 위한 특정 행동을 권고하는 등의 비강압적 영향전략은 상호 이해를 강화하고, 원천기업의 의견을 따를 때 어떠한 혜택이 있는지를 강조하기 때문에 비강압적인 영향전략의 빈번한 사용은 두 기업 간에 목표가 일치되었다는 느낌과 공유된 믿음을 증가시킨다(Frazier and Summers 1984). 결과적으로 비강압적인 영향전략은 경로 구성원 상호간의 결속을 강화시킨다.

이러한 현상은 화장품 전문점 유통경로에서도 나타날 수 있으며, 제조업체가 소매업체에게 비강압적 영향전략을, 또는 소매업체가 제조업체에게 비강압적 영향전략을 많이 사용할수록 상호간의 결속이 강화될 것이다.

가설9: 제조업체가 소매업체에게 비강압 영향전략을 더 많이 사용할수록 상호간의 결속이 강화될 것이다.

가설10: 소매업체가 제조업체에게 비강압 영향전략을 더 많이 사용할수록 상호간의 결속이 강화될 것이다.

제2절 연구 모형

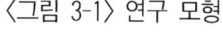

〈그림 3-1〉 연구 모형

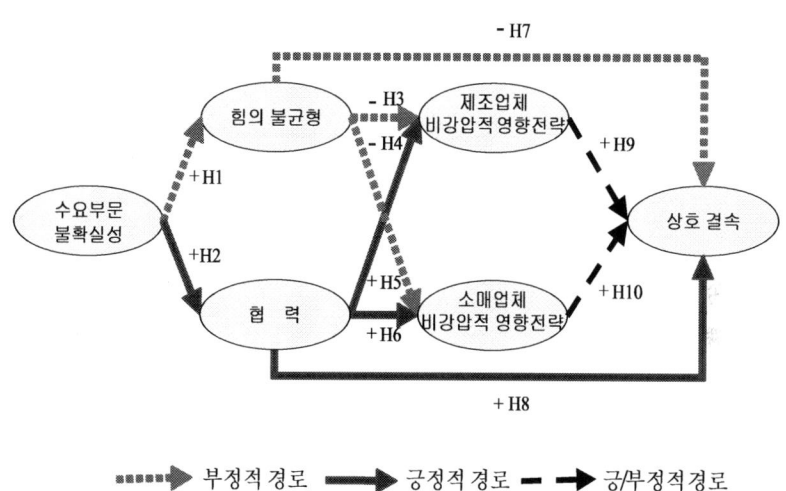

그림에 나타난 연구 모형을 보면 수요부문 환경의 불확실성은 두 가지 경로를 통해 제조업체와 소매업체 간 상호 결속에 영향을 준다. 그림의 짧은 점선은 환경의 상호 결속에 대한 부정적 경로를 나타내고, 실선은 긍정적 경로를 나타낸다. 또한 긴 점선은 긍정적 경로와 부정적 경로 모두에 공통적으로 포함되는 경로이다.

먼저 부정적인 경로를 보면 환경의 불확실성이 제조업체와 소매업체 간 힘의 불균형을 심화시키고(H1), 그를 통해서 직접적으로 상호 결속을 약화시키며(H7), 제조업체와 소매업체의 비강압적 영향전략를 통해서 간접적으로 상호 결속을 약화시킨다(H3, H4, H9, H10)

한편 긍정적인 경로를 보면 환경의 불확실성이 제조업체와 소매업체 간 협력을 강화시키고(H2), 그를 통해서 직접적으로 상호 결속을 강화시키며(H8), 제조업체와 소매업체의 비강압적 영향전략을 통해서 간접적으로 상호 결속을 강화시킨다(H5, H6, H9, H10).

제4장 연구방법

제1절 연구 설계

본 연구는 국내 화장품 유통경로 중 전문점 경로를 대상으로 정성적인 조사 방법, 즉 심층면접(in-depth interview), 집단토의(group discussion) 등과 정량적인 조사방법인 설문조사를 실시하였다.

1. 정성연구

정성적인 조사방법을 사용한 것은 탐험적인 차원에서 전문점 유통경로의 관계관리 상 문제점을 발견하고, 수요부문이 불확실한 환경 하에서 상호간 관계결속을 강화하기 위해 선행되어야 할 변수들을 선정하기 위함이었다.

전문점 사장 3명과 제조업체 영업사원 3명을 대상으로 실시한 심층면접과 전문점 사장 30명을 대상으로 실시한 집단토의 결과 전문점 유통경로의 가장 큰 문제점은 전문점과 제조업체 간 힘의 불균형, 심화된 갈등과 협력의 부족 등에 가장 큰 문제점이 있고, 상호간 강압적인 영향전략이 이러한 문제점을 더욱 심화시키는 것으로 나타났다.

2. 정량연구

본 연구가 상호(dyadic) 관점에서 수행되었기 때문에 설문조사는 전문점 유통경로의 핵심 거래 당사자(focal dyad)인 제조업체 영업사원과 전문점 사장(또는 매니저)에 대해 각각 진행되었다.

먼저, 연구에 이용된 화장품 전문점은 서울 및 수도권에 소재하고 있으며, 확률표본추출을 하기 위해 화장품 전문점 리스트에서 매 10번째 전문점을 대상으로 조사하였다.[4] 표본 수는 100부가 될 때까지 추출하였으며, 마케팅 조사 전문기관의 전문 면접원이 전문점에 방문한 후 1:1 개별면접을 통해 조사하였다. 전문 면접원이 설문지 응답을 도와주었기 때문에 회수된 100부의 설문지는 모두 분석 가능한 유효 설문지였다. 하지만 회수된 100부의 설문지 중 본 연구의 연구설정에 맞게 제조업체의 힘이 소매업체보다 큰 경우[5]인 74부의 설문지를 분석 대상으로 하여 분석하였다.

한편, dyad의 다른 한편인 제조업체 영업사원 설문조사는 전문점 설문조사에서 조사된 전문점의 주 거래 제조업체[6]의 영업사원을 대상으로 수행하였다. 보다 구체적으로 말하면 먼저 전문점 설문조사 시 주로 거래하는 제조업체를 조사하였고, 응답된 제조업체의 협조를 얻어 해당 전문점의 담당 영업사원을 파악하였다. 이렇게 해서 파악된 영업사원을 대상으로 우편 설문조사를 실시하였으며, 제조업체 회사차원의 협조를 통해 해당 전문점의 담당 영업사원을 모두 조사할 수 있었다.

전문점의 표본추출을 무작위 표본추출(random sampling)로 하였기 때문에 일부 영업사원은 자신이 담당하고 있는 복수의 전문점에 대해 2부 이상 응답하기도 하였으나, 영업사원 설문조사 시, 특정 전문점을 염두에 두고 응답하도록 유도하면서, 복수 응답에 대한 오류(bias)를 최소화하였다. 영업사원 설문지 또한 모든 설문문항에 대해 응답된 설문지였으며, 분석 가능한

---

4) 표본 추출된 전문점이 응답 거절, 폐업, 휴가 등의 사유로 설문조사를 하지 못한 경우 그 다음에 있는 전문점을 대상으로 설문조사를 실시하였다.
5) 본 연구에서는 힘에 대한 조작적 정의에서 의존성 개념을 이용하였기 때문에 제조업체의 힘이 소매업체의 힘보다 큰 경우는 소매업체의 의존성이 제조업체의 의존성보다 큰 경우를 말한다.
6) 본 연구는 국내 시장점유율 1위인 A사가 협조를 해 주었기 때문에, 전문점 설문조사 시 A사가 주 거래 업체인 전문점을 대상으로 설문조사 하였다.

설문지였다.

이렇게 해서 얻어진 전문점 사장 설문지와 영업사원 설문지는 상호(dyadic) 관점 분석을 위해 평균치(unweighted mean value; Kim 2000)로 환산되어 분석되었다.

제2절 변수의 조작적 정의 및 측정

1. 변수의 조작적 정의

본 연구를 수행하기 위해서 사용된 변수들은 다음과 같으며 모두 1점(전혀 그렇지 않다)에서 5점(매우 그렇다) 사이의 리커드(Likert) 척도를 사용하여 측정하였다.

〈표 4-1〉 변수의 조작적 정의7)

변수	정의
수요부문 환경 불확실성	수요부문(Output sector) 환경이 예측하기 어려운 정도
힘의 불균형	제조업체와 소매업체 간 힘(의존성)의 차이
협 력	제조업체와 소매업체가 상호 협력하는 정도
제조업체 비강압 영향전략	제조업체가 소매업체에게 사용하는 권고(recommendation), 정보교환(information exchange) 영향전략의 사용 정도
소매업체 비강압 영향전략	소매업체가 제조업체에게 사용하는 권고, 정보교환 영향전략의 사용 정도
상호 결속	상호 가치 있는 관계를 지속하고자 하는 욕구의 정도

---

7) 변수의 조작적 정의에서 제조업체 비강압 영향전략과 소매업체의 비강압 영향전략을 제외한 나머지 변수들은 상호(dyadic) 관점이다.

2. 변수의 측정8)

가. 수요부문 환경 불확실성

수요부문 환경의 불확실성은 John and Weitz(1989)의 어의차이척도 (semantic differential scales)를 리커트 5점 척도 형태로 바꾸어 사용하였다. 이 개념에는 '고객들의 구매량 변화가 적고 안정적이다(r)', '판매량 예측이 정확하다(r)', '고객들은 예측 가능하다(r)'9) 등 3개 항목이 포함되어 있고, 제조업체 영업사원과 전문점 사장을 대상으로 각각 조사하여 그 평균치로 측정되었다.

나. 힘의 불균형

힘의 불균형은 의존 불균형이라 할 수 있으므로(Emerson 1962), 제조업체 영업사원과 전문점 사장에게 각각 상대방에 대한 의존성을 측정하여 그 차이로써 정의하였다. 이때 사용된 의존성(dependence) 척도는 Jap and Ganesan(2000)의 척도를 이용하였으며, '거래 파트너와 관계가 지속되지 않으면 우리는 매출 목표를 달성하기 어렵다', '현재 거래 파트너 만한 파트너는 찾기 힘들다', '우리는 거래 파트너에 의존적이다', '현재 거래 파트너 말고는 좋은 거래 파트너가 없다' 등 4개 항목이 포함되었고, 그 평균치로 측정되었다.

다. 협력

협력은 Morgan and Hunt(1994)의 협력(dependence) 척도를 화장품 전문점 유통경로에 맞게 표현을 수정하여 사용하였다. 이때 사용된 측정 항목은 '우리는 거래 파트너의 광고활동을 도와 준다', '거래 파트너는 우리 제품의

---

8) 변수의 측정은 전문점 설문조사와 제조업체 영업사원 설문조사에서 같은 변수는 같은 척도를 가지고 각각의 관점에 맞게 표현을 수정하여 사용하였다. 〈부록 1〉, 〈부록 2〉의 설문지 참조.

9) 3개 항목은 역코딩(reverse coding) 하여 사용하였다.

광고활동을 도와 준다', '거래 파트너는 우리의 소비자 피해 보상을 도와 준다', '거래 파트너는 우리의 판촉활동을 도와 준다', '거래 파트너는 우리의 재고관리를 도와 준다' 등 5개 항목이 포함되었고, 제조업체 영업사원과 전문점 사장을 대상으로 각각 조사하여 그 평균치로 측정되었다.

라. 제조업체의 비강압 영향전략

제조업체의 비강압 영향전략은 Boyle, Dwyer, Robicheaux and Simpson(1992)의 권고(recommendation) 척도와 Cannon and Perreault Jr.(1999)의 정보교환 (information exchange) 척도[10]를 화장품 전문점 유통경로에 맞게 표현을 수정하여 사용하였다. 이때 사용된 측정 항목은 권고 항목으로 '거래 파트너의 권유를 따를 때 우리에게 이득이 될 수 있다는 것을 명확히 알려 준다', '거래 파트너는 제안을 할 때, 우리의 영업이 잘 되게 하려는 목적이 분명하다', '거래 파트너가 권고하는 행동을 할 때 기대되는 사업 상의 긍정적인 효과에 대한 청사진을 명확히 그려 준다', '거래 파트너가 제안한 특정 프로그램이나 행동들로부터 기대되는 성공에 대해 논리적인 근거를 제시해 준다' 등 4개 항목이 사용되었으며, 정보교환 항목으로 '거래 파트너가 가지고 있는 정보를 우리와 공유한다', '거래 파트너의 상품 및 마케팅 관련 비용 정보를 공유할 것이다', '상품 판매 시 우리의 의견을 수용한다', '상품 판매에 관한 예측 정보를 공유한다' 등 4개 항목이 사용되었다.

제조업체의 비강압 영향전략은 권고의 4개 항목과 정보교환의 4개 항목 등 총 8개 항목의 평균치로 측정되었다.

마. 소매업체의 비강압 영향전략

소매업체의 비강압 영향전략은 제조업체의 비강압 영향전략과 마찬가지로 Boyle, Dwyer, Robicheaux and Simpson(1992), Cannon and Perreault Jr. (1999)의 척도를 화장품 전문점 유통경로에 맞게 표현을 바꾸어 사용하였고, 측

---

10) 앞서 언급하였듯이 본 연구에서는6가지 영향전략 중 권고와 정보교환을 비강압 영향전략으로 분류하였다.

정방식도 같다.

바. 상호 결속(dyadic commitment)

제조업체와 소매업체 간 상호 결속은 Morgan and Hunt(1994)의 결속 척도를 화장품 전문점 유통경로에 맞게 표현을 바꾸어 사용하였다. 이때 포함된 측정 항목으로는 '우리는 거래 파트너와의 관계에 매우 몰입되어 있다', '거래 파트너와의 관계는 우리 지점에 매우 중요하다', '거래 파트너와의 관계는 우리 지점에 거의 중요하지 않다(r)',[11] '우리는 거래 파트너와의 관계를 오랫동안 유지하려 한다', '거래 파트너와 우리는 마치 가족과도 같다', '거래 파트너와의 관계는 우리가 많은 관심을 갖고 있다', '거래 파트너와의 관계 유지를 위해서 우리는 최대한의 노력을 하는 것이 당연하다' 등 7개 항목으로 구성되어 있고, 제조업체 영업사원과 전문점 사장을 대상으로 각각 조사하여 그 평균치로 측정되었다.

제3절 조사 대상의 특성

수거된 설문지를 통해 분석한 조사 대상의 특성은 다음 〈표 4-2〉부터 〈표 4-6〉까지와 같다. 조사 대상의 특성은 전문점 소재 지역, 전문점 종업원 수, 전문점 월평균 매출, 전문점과 영업사원의 거래 경력, 영업사원의 전문점 방문 횟수 등을 살펴보았다. 살펴본 결과 전반적으로 서울 및 수도권에 골고루 분포되었으며, 종업원 수는 1~2명(전문점 사장 제외), 월평균 매출은 1,000~3,000만원 정도의 전문점이 가장 많았다. 영업사원과의 거래 기간은 1년 이하와 2년 이상이 골고루 분포되었으며, 영업사원의 전문점 방문 횟수는 주 4회 이상으로 나타나 영업사원과 전문점 간 충분한 관계 형성이 되어 있다고 판단되었다.

---

11) 1개 항목은 역코딩하여 사용하였다.

<표 4-2> 전문점 소재 지역별 분포

구분	서울				경기	총계
	강남동	강남서	강북동	강북서		
빈도	17	18	13	12	14	74
비율(%)	23.0	24.3	17.6	16.2	18.9	100.0

<표 4-3> 전문점 종업원 수(전문점 사장 제외)별 분포

구분	없다	1명	2명 이상	총계
빈도	9	38	27	74
비율(%)	12.2	51.4	36.5	100.0

<표 4-4> 전문점 월평균 매출별 분포

구분	1,000만 원 미만	1,000-3,000만 원 미만	3,000만 원 이상	모름 / 무응답	총계
빈도	17	26	17	14	74
비율(%)	23.0	35.1	23.0	18.9	100.0

<표 4-5> 전문점과 영업사원의 거래 경력별 분포

구분	1년 이하	2년 이상	총계
빈도	41	33	74
비율(%)	55.4	44.6	100.0

<표 4-6> 영업사원의 전문점 방문 회수별 분포

구분	4회[12]	5회 이상	총계
빈도	36	38	74
비율(%)	48.6	51.4	100.0

---

12) 본 연구에서는 제조업체와 소매업체 간 관계결속을 연구함에 있어서 어느 정도 관계가 형성된 조사 대상을 선정하기 위하여 제조업체 영업사원이 1주일에 1회 이상, 즉 한 달에 4회 이상 전문점에 방문하는 dyad만을 선정하였다. 이때 한 달에 4회 이상 방문을 관계형성의 기준으로 본 것은 제조업체 영업사원과의 인터뷰를 통해 얻은 기준이다.

제4절 자료분석 및 가설검정

1. 변수의 신뢰성

각 변수들의 신뢰성을 확인하기 위하여 본 연구에서는 Cronbach's a를 사용하였다. 우선 각 변수를 측정하기 위한 모든 항목들을 포함하여 a를 측정한 후, 신뢰성이 낮은 변수에 대해서 신뢰성을 저해하는 항목들을 제거해 나감으로써 신뢰성을 개선하는 방식을 취하였다. 그 결과는 다음〈표 4-7〉와 같다.

〈표 4-7〉 변수의 신뢰성

변수 명	제조업체 관점		소매업체 관점	
	문항 수	a	문항 수	a
수요부문 불확실성	3	.761	3	.668
의존성	4	.868	4	.773
협력	5	.885	5	.800
비강압적 영향전략	8	.875	8	.856
상호 결속	7	.907	7	.832

위의 표에 나타난 제조업체 관점과 소매업체 관점의 각각 5개, 총 10개의 변수들은 변수에 따라 설문 항목을 삭제할 경우 a값을 개선할 여지가 있었으나 전반적으로 a값이 만족할 만한 수준이므로 문항을 제거하지 않았다.

2. 변수의 판별타당성

변수의 판별타당성 검토를 위해 본 연구에서는 탐색적 요인분석을 실시하였다. 탐색적 요인분석은 Varimax 회전을 하였으며, Principal Component Analysis 방법을 통해 요인을 추출하였고, 제조업체 관점과 소매업체 관점으로 나누어서 실시하였다. 탐색적 요인분석을 실시한 결과표는 다음의 〈표 4-8〉, 〈표 4-9〉와 같다. 표에 나타난 바와 같이 각각의 변수를 측정하기 위한 항목들이 서로 다른 요인으로 묶이고 있으며, 각각의 요인들은 고유치(eigen value)가 모두 1이 넘게 나타났다. 다시 말해 변수 간 판별타당성이 있는 것으로 판단되었다. 다만 소매업체 관점의 탐색적 요인분석은 소매업체의 결속 항목 중 첫번째 항목인 "우리 전문점은 주 거래 회사와의 관계에 매우 몰입되어 있다"항목이 여러 요인에 나뉘어 요인 적재값을 가지고 있고, 결속의 나머지 항목들과 같은 요인으로 묶이지 않았기 때문에 그 항목을 제거하고 실시하였다.

〈표 4-8〉 변수의 판별타당성(제조업체 관점)

변수 명	항목	요인적재량	Eigen값
소매업체 협력	협력 2	.776	11.263
	협력 1	.689	
	협력 3	.625	
	협력 4	.483	
	협력 5	.297	
소매업체 비강압적 영향전략	비강압 3	.765	3.208
	비강압 4	.717	
	비강압 2	.655	
	비강압 7	.570	
	비강압 1	.540	
	비강압 5	.474	
	비강압 8	.454	
	비강압 6	.383	
제조업체 의존성	의존 3	.711	1.806
	의존 4	.690	
	의존 1	.670	
	의존 2	.657	
제조업체 결속	결속 7	.842	1.429
	결속 6	.804	
	결속 2	.735	
	결속 1	.709	
	결속 5	.593	
	결속 3	.548	
	결속 4	.381	
수요부문 불확실성	불확실 1	.790	1.197
	불확실 3	.785	
	불확실 2	.784	

<표 4-9> 변수의 판별타당성(소매업체 관점)

변수 명	항목	요인적재량	Eigen값
제조업체 비강압 영향전략	비강압 8	.826	7.571
	비강압 6	.789	
	비강압 7	.717	
	비강압 3	.647	
	비강압 4	.604	
	비강압 2	.570	
	비강압 5	.747	
	비강압 1	.496	
소매업체 결속	결속 7	.770	2.490
	결속 5	.686	
	결속 6	.669	
	결속 4	.598	
	결속 3	.534	
	결속 2	.219	
제조업체 협력	협력 4	.737	2.152
	협력 3	.735	
	협력 2	.709	
	협력 1	.634	
소매업체 의존성	의존 4	.778	1.718
	의존 1	.761	
	의존 3	.759	
	의존 2	.681	
수요부문 불확실성	불확실2	.783	1.522
	불확실1	.745	
	불확실3	.660	

3. 변수의 수렴타당성

변수의 수렴타당성 검토를 위해서 본 연구에서는 확증적 요인분석을 실시하였다. 확증적 요인분석 결과 적합도 지수가 낮은 변수에 대해서는 다중상관계수의 제곱(Squared Multiple Correlations)이 낮은 항목 순으로 하나씩 제거해 가면서 적합도 지수의 기준치를 초과할 때까지 타당성을 개선하였다.

이 과정에서 제거된 변수는 소매업체 관점의 협력 변수에서 '주 거래 회사는 반품 또는 소비자 피해 보상을 도와 준다' 항목이 제거되었고, 비강압적 영향전략 변수에서 '주 거래 회사의 권유를 따를 때 우리 전문점에 이득이 될 수 있다는 것을 명확히 알려 준다', '주 거래 회사가 권유하는 행동을 할 때 기대되는 사업 상의 긍정적인 효과에 대한 청사진을 명확히 그려 준다', '주 거래 회사가 제안한 특정 프로그램이나 행동들로부터 기대되는 성공에 대해 논리적인 근거를 제시해 준다' 등 3개 항목, 결속 변수에서 '우리 전문점은 주 거래 회사와의 관계에 매우 몰입되어 있다' 항목이 제거되었다.

한편 제조업체 관점에서는 협력 변수에서 '그 전문점은 우리 지점의 재고관리를 도와 준다' 항목이 제거되었고, 비강압적 영향전략 변수에서 '전문점은 상품 및 마케팅 관련 비용 정보를 공유할 것이다', '상품판매에 관한 예측 정보를 공유한다' 등 2개 항목이 제거되었다.

최종적인 확증적 요인분석 결과는 다음 〈표 4-10〉, 〈표 4-11〉과 같다.

〈표 4-10〉 변수의 수렴타당성(소매업체 관점)

변수 명	최초 문항	최종 문항	x^2	d.f.	p값	RM SEA	NFI	CFI	GFI	RMR
수요부문 불확실성	3	3	0	0	1.00	0.00	Perfect(indicators 3개)			
의존성	4	4	3.59	2	0.17	0.10	0.95	0.97	0.98	0.04
협 력	5	4	10.33	2	0.01	0.24	0.90	0.91	0.93	0.07
비강압적 영향전략	8	5	15.64	5	0.01	0.17	0.90	0.93	0.92	0.07
결 속	7	6	12.69	9	0.18	0.08	0.92	0.97	0.95	0.06

〈표 4-11〉 변수의 수렴타당성(제조업체 관점)

변수 명	최초 문항	최종 문항	x^2	d.f.	p값	RM SEA	NFI	CFI	GFI	RMR
수요부문 불확실성	3	3	0	0	1.00	0.00	Perfect(indicators 3개)			
의존성	4	4	0.11	2	0.95	0.00	1.00	1.00	1.00	0.00
협 력	5	4	6.27	2	0.04	0.17	0.96	0.98	0.96	0.03
비강압적 영향전략	8	5	19.43	9	0.00	0.20	0.89	0.91	0.90	0.06
결 속	7	7	19.0	14	0.16	0.07	0.94	0.98	0.93	0.04

표를 보면 모든 변수들이 거의 대부분 적합도 지수의 기준을 충족시키고 있다.13) 따라서 본 연구의 연구 모형에 포함된 모든 변수는 수렴타당성이 있다고 판단되었다.

4. 연구 모형 및 가설검정

본 연구에서 가설검정은 구조방정식 모형 분석을 통해 실시하였다. 구조방정식 모형(structural equation model)이라 함은 관심 영역 속에 있는 인과 변수들 간의 구조적 관계를 일련의 선형 방적식들(simultaneous linear equations)의 항목으로 정식화한 것으로, 인과 모형(causal model) 또는 공분산 구조 모형(covariance structure model) 등으로 불리기도 한다. 본 연구에서 가설검정을 위해 구조방정식 모형을 이용한 것은 유통경로 연구가 한두 가지 개념들의 상관관계 분석을 통해 이루어질 수 없고, 다양한 구성 개념들 간에 복잡한 인과관계 분석을 통해 수행 되는 것이 바람직하기 때문이다.

본 연구에서는 이러한 구조방정식 모형을 분석하기 위해 LISREL 8.3을 이용하였다.

가. 변수의 상관관계 분석

구조방정식 모형을 분석하기 위해서 먼저 변수들 간 상관관계를 살펴보았다. 변수들 간 상관계수는 다음〈표 4-12〉와 같다.

〈표 4-12〉에 나타난 바와 같이 상호 결속은 힘의 불균형과는 負의 상관관계를 보였고, 나머지 모든 변수들과는 正의 상관관계를 보였다. 특히 본 연구의 핵심 주제라 할 수 있는 수요부문 환경의 불확실성은 상호 결속과 正의 상관관계를 보였다.

---

13) 소매업체 관점의 협력, 비강압적 영향전략 등의변수는 x2 검정 결과 '모공분산 행렬이 모형에 의해서 정의되는 공분산 행렬과 같다'라는 귀무가설이 기각되는 것으로 나타났다. 즉, 모형이 적합하다는 귀무가설이 기각되었다. 하지만 x2 값은 표본의 크기와 비례하므로 표본의 크기가 x2 검정 결과에 영향을 주는 경향이 있으므로(김기영, 강현철 2001), 본 연구에서는 x2 검정 결과는 참고하는 수준으로 다루었다.

<표 4-12> 변수들 간 상관계수 행렬

	1	2	3	4	5	6
1	1					
2	0.440**	1				
3	0.434**	0.131	1			
4	-0.196	0.136	-0.417**	1		
5	0.601**	0.422**	0.622**	-0.243*	1	
6	0.444**	0.113	0.103	-0.077	0.307**	1

*. α<0.05, **. α<0.01

※ 1. 상호 결속 2. 제조업체 비강압적 영향전략 3. 소매업체 비강압적 영향전략 4. 힘의 불균형 5. 협력 6. 수요부문 환경 불확실성

나. 연구 모형 및 가설검정

구조방정식 모형 분석을 통한 연구 모형 및 가설검정 결과는 다음 <그림 4-1>와 같다.

<그림 4-1> 연구 모형 및 가설검정 결과

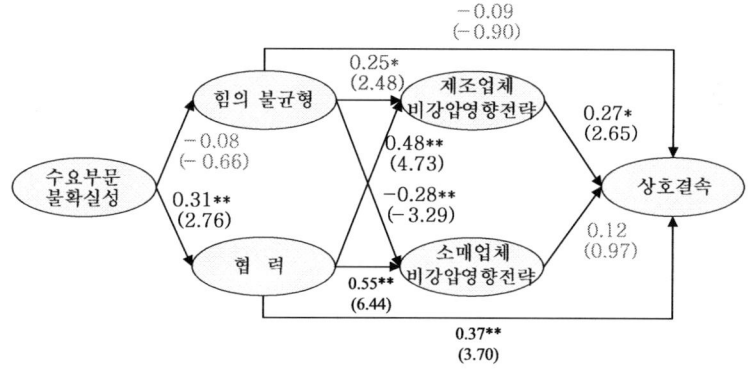

※ x^2=16.40, d.f.=5, p=0.00, RMSEA=0.18, NFI=0.87, CFI=0.89, GFI=0.93, RMR=0.09
*. α<0.05에서 유의적임. **. α<0.01에서 유의적임

그림에서 화살표 위의 수치는 경로계수와 t값을 의미하는데, 굵은 글씨는 가설이 기각된 것을 의미한다.

먼저 연구 모형의 적합도를 보면 NFI, CFI, GFI 등이 0.90에 가깝거나 그 이상의 수치를 보였고, RMR의 경우도 0.09로 나타나 모형이 적합한 것으로 판단되었다.

다만 x^2 검정 통계량은 모형 적합도가 낮은 것으로 나타났지만 이는 앞서 밝힌 바와 같이 표본 수의 영향을 받는 경향이 있으므로 본 연구에서는 참고 자료로만 사용하였다.

한편 가설을 검정하기 위한 구조방정식 모형의 경로 계수와 t값을 살펴보면 H1, H3, H7, H10을 제외한 6가지 가설이 모두 채택되었다. 이를 구체적으로 살펴보면, 첫째, 수요부문 환경 불확실성이 관계특성에 미치는 영향에서 제조업체와 소매업체 간 힘의 불균형에는 영향을 주지 않았고(H1 기각, β=-0.08, t=-0.66), 협력 강화에는 正의 영향을 주었다(H2 채택, β=0.31, t=2.76).

둘째, 내부정치 구조와 과정이 유통경로 구성원 간 영향전략에 미치는 영향에서 힘의 불균형은 제조업체의 비강압 영향전략에는 正의 영향을 주었고(H3 기각, β=0.25, t=2.48), 소매업체의 비강압 영향전략에는 負의 영향을 주었다(H4 채택, β=-0.28, t=-3.29). 또한 협력 강화는 제조업체의 비강압 영향전략에 正의 영향을 주었고(H5 채택, β=0.48, t=4.73), 소매업체의 비강압 영향전략에도 正의 영향을 주었다(H6 채택, β=0.55, t=6.44).

마지막으로 관계특성 변수들이 관계의 질, 즉 상호 결속에 미치는 영향에서 힘의 불균형은 상호 결속에 영향을 주지 않았고(H7 기각, β=-0.09, t=-0.90), 협력은 正의 영향을 주었으며(H8 채택, β=0.39, t=3.22), 제조업체의 비강압 영향전략은 결속에 正의 영향을 주었지만(H9 채택, β=0.27, t=2.66), 소매업체의 비강압 영향전략은 결속에 영향을 주지 않았다(H10 기각, β=0.12, t=0.97).

이를 다시 환경의 부정적/긍정적 경로로 나누어 설명하면, 수요부문 환경 불확실성이 제조업체와 소매업체 간 상호 결속에 영향을 미치는 부정적 경로는 부분적으로 채택되었고, 긍정적 경로는 모두 채택되었다. 가설검정 결과의 요약은 다음 〈표 4-13〉과 같다.

〈표 4-13〉 가설검정 결과 요약

구 분	가설	β	t	채택 여부
부정적 경로	H1: 불확실성 → 힘불균형	-0.08	-0.66	기각
	H3: 힘불균형 → 비강압(M)	0.25	2.48	기각
	H4: 힘불균형 → 비강압(R)	-0.28	-3.29	채택
	H7: 힘불균형 → 결속	-0.09	-0.90	기각
긍정적 경로	H2: 불확실성 → 협력	0.31	2.76	채택
	H5: 협력 → 비강압(M)	0.48	7.73	채택
	H6: 협력 → 비강압(R)	0.55	6.44	채택
	H8: 협력 → 결속	0.39	3.22	채택
긍 / 부정적 경로	H9: 비강압(M) → 결속	0.27	2.66	채택
	H10: 비강압(R) → 결속	0.12	0.97	기각

표에 나타난 바와 같이 수요부문 환경의 불확실성은 제조업체와 소매업체 간 상호 결속에 영향을 미친다. 좀 더 구체적으로 말하면, 긍정적인 경로를 통해 수요부문 환경 불확실성은 제조업체와 소매업체 간 협력적인 분위기를 조성하고, 제조업체의 비강압적 영향전략을 통해 결속을 강화하였지만 부정적 경로인 힘의 불균형에는 영향을 주지 못하였다.

또한 부정적인 경로에서 힘의 불균형은 직접적으로 결속을 약화시키기 보다는 제조업체의 비강압적 영향전략을 통해 결속을 강화하는 역할을 하였다.

한편 대부분의 가설들은 사전에 설정된 대로 채택되었지만 H1, H3, H7, H10 등4가지 가설은 기각되었다. 각각의 가설이 기각된 이유를 생각해 보면, 먼저 H1의 경우 수요부문 환경 불확실성이 힘의 불균형에 직접적인 영향을 주지 않는(t=-0.66) 이유는 공급자 중심 시장에서 소비자 중심 시장으로 변하면서 유통업체의 경쟁력이 강화되고, 환경 변화에 대한 대응 능력이 제조업체와 비슷한 수준이 되면서, 불확실성 그 자체만으로는 힘의 불균형에 영향을 주지 않기 때문이라 생각할 수 있다.

둘째, H3의 경우 힘의 불균형이 제조업체의 비강압 영향전략을 약화시키지 않고 강화시키는 것은(t=2.48) 전문점 유통경로에서 제조업체와 소매업체가 단기적인 관계가 아니라 장기적인 관계이며, 상호간 zero-sum 게임이 아니라 win-win 결과를 도출하는 관계라는 인식 때문인 것으로(Frazier and Summers 1986) 추측된다. 실제 과거 연구에서도 힘의 불균형과 강압적 영향전략의 사용 간 관계는 혼합된 연구결과를 보였다. 예를 들어, Dwyer and Walker(1981), Roering(1977)는 힘의 불균형이 강압적 영향전략을 강화한다는 연구결과를 얻었으며, Frazier and Summers(1986)는 강압적 영향전략은 약화시키고, 비강압적 영향전략은 강화시킨다는 연구결과를 얻었다.

셋째, H7의 경우 힘의 불균형이 제조업체와 소매업체 간 상호 결속에 영향을 주지 않는 것은(t=-0.90) 제조업체의 힘이 강하다고 해서 제조업체가 힘의 우위를 바탕으로 소매업체를 착취하려 하거나, 소매업체가 착취에 대한 두려움을 갖는 현상이 유의적일 정도로 많이 나타나지 않음을 의미한다. 이는 H3이 기각된 이유와 일맥상통한다고 볼 수 있다. 즉, 제조업체와 소매업체 간 장기적인 협력을 통해 Win-Win을 추구하려 하는 경우는 zero-sum 게임처럼 상대방의 착취를 통해 이득을 얻을 수 있는 경우와 비교할 때 힘의 불균형이 상호 결속을 약화시키는 정도가 작기 때문이라 추측된다. 다만 경로 계수의 방향이 負의 방향으로 나타나 제한적으로나마 가설을 지지하고 있다.

마지막으로 H10의 경우 소매업체의 비강압 영향전략이 제조업체와 소매업체 간 상호 결속에 영향을 주지 않는 것은(t=1.14) 제조업체의 비강압 영향전략이 상호 결속에 영향을 주는 것과 대조적인 결과인데, 제조업체의 힘이 강한 전문점 유통경로에서 약자의 영향전략보다는 강자의 영향전략이 관계결속에 더 중요하기 때문이라 생각된다. 다만 경로 계수의 방향이 正의 방향으로 나타나 제한적 으로나마 가설을 지지하고 있다.

제5장 결론

제1절 연구결과

이상에서 분석된 연구결과를 다시 한번 정리하면, 한국의 화장품 전문점 유통경로를 대상으로 연구한 결과 수요부문 환경 불확실성은 긍정적인 경로를 통해서는 제조업체와 소매업체 간 상호 결속에 정의 영향을 주었지만 부정적인 경로를 통해서는 제한적이고 혼합된 영향을 주었다. 이를 보다 구체적으로 살펴보면 다음과 같다.

첫째, 수요부문 환경 불확실성은 제조업체와 소매업체 간 힘의 불확실성에는 영향을 주지 않았고, 상호 협력 강화에 正의 영향을 주었다. 이는 소매업체의 역량이 강화되면서, 환경 불확실성에 대처할 수 있는 소매업체의 능력이 생겼고, 환경에 보다 잘 대응하는 쪽으로 힘의 균형이 기울어지지 만은 않았기 때문이고, 오히려 거래 당사자 간 협력을 강화하여 환경에 대응하려는 노력이 증대되기 때문이라 판단된다.

둘째, 힘의 불균형은 소매업체의 비강압적 영향전략에는 負의 영향을 주지만 제조업체의 비강압적 영향전략에는 正의 영향을 주었다. 이는 힘의 불균형에 대한 시각이 강자의 경우와 약자의 경우가 다르기 때문으로, 약자인 소매업체 입장에서는 힘의 불균형으로 인해 비강압적 영향전략뿐 아니라 영향전략 자체를 보다 더 드물게 사용하기 때문이라 판단된다. 반면, 강자인 제조업체 입장에서는 소매업체와의 거래가 장기적이고 win-win 체제를 구축할 수 있기 때문에 비강압적 영향전략을 선호하기 때문이라 판단된다.

셋째, 협력은 제조업체와 소매업체 모두의 비강압적 영향전략에 모두 正의 영향을 주었다. 이는 협력 강화가 상호간 협력 분위기를 조성하고 이러한 분위기 속에서는 직접적이고 강압적인 영향전략을 사용하지 않는 것이 더 효과적이기 때문에 상호간 정보교환, 권고 등의 영향전략을 사용하기 때문이라 판단된다.

넷째, 제조업체와 소매업체 간 상호 결속에는 제조업체의 비강압적 영향전략과 협력은 각각 正의 영향을 주었지만 소매업체의 비강압적 영향전략과 힘의 불균형은 통계적으로 유의적인 영향을 주지는 않았다. 이는 제조업체와 소매업체 간 상호 결속이 서로간의 균등한 힘의 구조 하에서 협력이 이루어질 때 강화될 수 있음을 의미하고, 약자인 소매업체보다는 강자인 제조업체의 비강압적 영향전략이 더 중요함을 말해주고 있다.

결론적으로 수요부문 환경이 불확실한 시장 상황에서 제조업체와 소매업체는 서로간 협력적인 분위기 속에서 비강압적인 커뮤니케이션을 통해 상호 결속을 강화할 수 있다.

제2절 경영학적 함의 및 연구 공헌

먼저 본 연구의 경영학적 함의를 찾아보면 수요부문 환경 불확실성은 제조업체와 소매업체 모두에게 위협이 될 수도 있지만, 환경에 대응하기 위한 양자간 협력을 강화하여 상호 결속을 증대시킬 수 있는 기회가 된다. 또한 제조업체는 힘의 우위를 이용해 소매업체와의 관계에서 이득을 취하려 하기 보다는 미래에 대한 청사진을 제시하고, 정보교환을 활발히 할 때, 즉 비강압적 영향전략을 수행할 때 소매업체와의 결속을 강화할 수 있다.

이처럼 제조업체와 소매업체는 서로간의 결속을 더욱 강화할 수 있고, 이를 통해 환경 불확실성에 대응해 나갈 수 있다.

또한 제조업체의 힘이 소매업체보다 강한 경우 약자인 소매업체의 비강압적 영향전략보다는 강자인 제조업체의 비강압적 영향전략이 결속에 더 큰 영향을 미친다. 따라서 강자가 약자에 대해 먼저 비강압적으로 커뮤니케이션해야 할 것이다.

한편 본 연구의 공헌을 찾아보면 이론적 공헌, 방법론적 공헌, 실무적 공헌 등 세 가지 차원에서 찾아볼 수 있다.

첫째, 이론적 공헌으로는 1) 환경이 유통경로 구성원 간 관계의 질에 영향을 주는 메커니즘을 힘의 불균형과 협력, 영향전략 등의 관계특성 차원에서 규명했다는 점과, 2) 환경이 유통경로 구성원 간 관계의 질에 영향을 주는 긍정적인 경로와 부정적인 경로를 제시했다는 점, 3) 수요부문 환경 불확실성이 유통경로 구성원 간 관계결속을 강화할 수 있다는 실증 결과를 제시했다는 점 등을 들 수 있다.

둘째, 방법론적 공헌으로는 유통경로 연구에 있어서 구성개념의 측정을 일방향 관점이 아니라 상호(dyadic) 관점에서 실시했다는 점이 있다.

셋째, 실무적 공헌으로는 1) 수요부문이 불확실한 환경 하에서 제조업체와 소매업체가 관계결속을 강화할 수 있는 방안을 제시했다는 점과, 2) 제조업체가 소매업체에 대해 힘의 우위를 이용하여 이득을 취하려 하기 보다는 협력을 강화하고, 비강압적인 커뮤니케이션을 수행하는 것이 중요하다는 사실을 규명하였다는 점 등이 있다.

제3절 연구의 한계 및 향후 연구방향

마지막으로 본 연구의 한계 및 향후 연구방향을 살펴보겠다. 물론 크고 작은 연구의 한계를 많이 찾을 수 있겠지만 크게 네 가지 정도로 분류할 수 있을 것이다.

첫째, 힘에 대한 보다 정교한 연구설계가 부족했다는 점이다. 본 연구에서는 힘의 불균형 또는 힘의 차이만 다루었고, 힘의 크기(joint power 또는

interdependence)에 대해서는 연구모형에 포함시키지 않았다. 향후 힘의 크기를 고려한 보다 정교한 연구가 필요하다. 또한 본 연구에서는 소매업체 보다 제조업체의 힘이 강한 산업을 대상으로 연구를 수행하였기 때문에 힘의 불균형이 제조업체와 소매업체의 영향전략에 미치는 영향이 혼합된 결과를 보이고 있다. 향후 힘의 소유, 즉 경로 구성원 중 힘이 어느 쪽이 더 강한지를 조정변수로 한 보다 정교한 연구가 필요하다.

둘째, 경로 분위기(channel climate)를 고려하지 않았다는 점이다. 경로 분위기가 지원적인 경우와 지원적이지 않은 경우, 환경 및 기타 관계특성(영향전략 등) 변수들이 관계의 질에 본 연구 결과와는 다른 영향을 줄 수 있다. 향후 경로 분위기를 조정변수로 한 연구가 필요하다.

셋째, 환경에 대한 다른 차원이 고려되지 않았다. 본 연구는 환경의 다양한 차원, 예를 들어, 역동성, 풍요성 등과 다양한 부문, 예를 들어, 경쟁부문, 공급부문, 규제부문에 대한 연구를 수행하지 않았다. 향후 다른 차원, 다른 부문에 대한 연구로 확장될 필요가 있다.

마지막으로 일반화의 한계를 지니고 있다. 본 연구는 수직적 유통경로 구조 중 관리형 경로 구조에 가까운 화장품 전문점을 대상으로 한 연구이므로 기업형 경로구조와 계약형 경로구조에서는 다른 결과가 나타날 수 있다. 향후 다른 산업, 다른 경로 구조 등 다양한 연구 설계에서 연구가 확장될 필요가 있다.

참고문헌

김종훈(1990), "마아케팅 경로의 수직통합 문제에 관한 정황론적 분석", *마케팅연구*, 제5권 제1호, 32-48.

김기영, 강현철(2001), *LISREL(SIMPLIS)을 이용한 구조방정식모형의 분석*, 자유 아카데미.

박종희(1993), "프랜차이즈 경로상에서의 환경 동태성, 경로 간 경쟁이 내부정치경제에 미치는 영향에 관한 연구", *경영학연구*, 제23권 제3호, 391-422.

박충환, 오세조, 김동훈(2002), 마케팅관리, 박영사.

손영철(1998), "우리나라 여성의 화장품 구매행동에 관한 연구", *고려대학교 경영대학원 석사학위논문*.

여운규, 신종국(1994), "프랜차이즈 시스템 하에서의 대기업-중소기업간의 파워, 갈등, 만족에 관한 연구", *한국중소기업학회지*, 제16권 제2호, 269-93.

오세조(1990), "프랜차이즈 경로상에서 관계결속에 대한 내부정치경제적 영향", *경영학연구*, 제19권 제2호, 47-66.

오세조, 권순기, 김상덕, 박정아, 조현진(2003), "화장품 전문점 유통경로의 경쟁력 강화 방안", *경영교육연구*, 제7권 제1호, 27-45.

오세조, 박진용(2001), 시장지향적 유통관리, 박영사.

오세조, 박진용, 권순기(2002), *소매경영*, 한올출판사.

오세조, 박충환(1999), 고객중심과 시너지 극대화를 위한 마케팅, 박영사.

오세조, 신동빈(2001), 유통을 알면 당신도 CEO, 중앙경제평론사.

오세조, 심종섭(1990), "기업형 수직적 유통경로에서 시장환경의 풍요성과 동태성이 내부정치경제에 미치는 영향", *산업과 경영*, 제27권 제1호, 454-70.

오세조, 임영균, 박종희, 이승창(1995), "유통경로구조의 결정요인에 관한 연구", *마케팅연구*, 제10권 제1호, 91-106.

오영애(1996), "유통경로상의 지배구조 형태와 영향전략이 신뢰에 미치는 영향", *유통연구*, 제1권 제2호, 85-114.

이종하, 오세조(1991), "환경의 동태성이 마케팅경로상의 관료적 구조화와 갈등에 미치는 영향", *마케팅연구*, 제6권 제1호, 26-42.

임영균(1990), "환경적 불확실성이 경로 구성원 간의 힘의 원천 및 몰입에 미치는 영향", *경영학연구*, 제19권 제2호, 15-45.

장업신문(2002), "전문점과 인터넷 쇼핑몰 전망과 대응".

태평양 마케팅부문(2002), "화장품 유통경로 현황".

태평양50년사 편찬위원회(1995), *태평양 50년사*, 태평양.

한상린(1998), "산업재 공급자와 조직 구매자 간의 관계요인에 관한 연구", *마케팅연구*, 제13권 제1호, 157-72.

화장품신문사(1998), *화장품연감*.

Aaker, David A.(1984), *Strategic Marketing Management*, New York: John Wiley and Sons.

Achrol, Ravi S. and Louis W. Stern(1988), "Environmental Determinants of Decision-Making Uncertainty in Marketing Channels", *Journal of Marketing Research*, 25(February), 36-50.

Achrol, Ravi S. Toger Reve, and Louis W. Stern(1983), "The Environment of Marketing Channel Dyads: A Framework for Comparative Analysis", *Journal of Marketing*, 47(Fall), 55-67.

Achrol, Ravi. S.(1991), "Evolution of the Marketing Organization: New Forms for Turbulent Environments", *Journal of Marketing*, 55(October), 77-93.

Aldrich, Howard E.(1979), *Organizations and Environments*, Englewood Cliffs, NJ: Prentice-Hall, Inc.

Aldrich, Howard E. and Sergio Mindlin(1978), "Uncertainty and Dependence: Two Perspectives on Environment", in *Organizations and Environment*, Lucien Karpik, ed. Beverly Hills. CA: Sage Publications, Inc.

Anderson, Erin(1985), "The Salesperson as Out Agent or Employee: A Transaction Cost Analysis", *Marketing Science*, 4(Summer), 234-54.

Anderson, Erin(1988), "Transaction Costs as Determinants of Opportunism in Integrated and Independent Sales Forces", *Journal of Economic Behavior and Organization*, 9(May), 247-64.

Anderson, Erin and Anne Coughlan(1987), "International Market Entry and Expansions via Independent or Integrated Channels of Distribution",Journal of Marketing, Vol.51(January), 71-82.

Anderson, Erin and Barton Weitz(1986), "Make-or-Buy Decisions: Vertical Integration and Marketing Productivity", *Sloan Management Review,*(Spring), 3-19.

Anderson, Erin and Barton Weitz(1992), "The Role of Pledges to Build and Sustain Distribution Channels",Journal of Marketing Research, Vol.29(February), 18-34.

Anderson, Erin and David C. Schmittlein(1984), "Integration of the Sales Force: An Empirical Examination", *Rand Journal of Economics*, 15(Autumn), 385-95.

Anderson, James C.(1995), "Relationships in Business Markets: Exchange Episodes, Value Creation, and Their Empirical Assessment", *Journal of the Academy of Marketing Sciences*, 23(4), 346-50.

Anderson, James C. and James A. Narus(1984), "A Model of the Distributor's Perspective of Distributor-Manufacturer Working Relationships", *Journal of Marketing*, 48(Fall), 62-74.

Anderson, James C. and James A. Narus(1990), "A Model of Distribution Firm and Manufacturing Firm Working Partnerships", *Journal of Marketing*, 54(1), 42-58.

Armstrong, Robert W. and Siew Min Yee(2001), "Do Chinese Trust Chinese? A Study of Chinese Buyers and Sellers in Malaysia", *Journal of*

International Marketing, Vol.9, Mo. 3, 63-86.

Bagozzi, Richard P.(1975), "Marketing as Exchange", *Journal of Marketing*, 39(October), 32-39.

Beier, Frederick J. and Louis W. Stern(1969), "Decision and Non-Decisions: An Analytical Framework", in *Political Power: A Reader in Theory and Research*, Roderick Bell, David V. Edwards, and R. Harrison Wagner, eds., New York: Free Press.

Bello, Daniel C. and David I. Gilliland(1997), "The Effect of Output Controls, Process Controls, and Flexibility on Export Channel Performance", Journal of Marketing, Vol.61(January), 22-38.

Berry, Leonard L.(1995), "Relationship Marketing of Services-Growing Interest, Emerging Perspectives", *Academy of Marketing Science. Journal.* Greenvale: 23(Fall), 236-45.

Blair, Roger D. and David L. Kaserman(1983), *Law and Economics of Vertical Integration and Control*, New York: Academic Press, Inc.

Blau, Peter M.(1960), "A Theory of Social Integration", *The American Journal of Sociology*, 65(6), 545-56.

Blau, Peter M.(1964), *Exchange and Power in Social Life.* New York: John Wiley & Sons, Inc.

Blau, Peter M.(1968), "Interaction: Social Exchange", *International Encyclo-pedia of the Social Sciences*, 7, 452-58.

Boyle, Brett and F. Robert Dwyer(1995), "Power, Bureaucracy, Influence, and Performance: Their Relationships in Industrial Distribution channels", *Journal of Business Research*, 32(March), 189-200.

Boyle, Brett and F. Robert Dwyer, Robert A. Robicheaux, and James T. Simpson(1992), "Influence Strategies in Marketing Channels: Measures and Use in Different Relationship Structures", Journal of Marketing Research, Vol.29(November), 462-73.

Brown, James R., Robert F. Lusch, and Darrel D. Muehling(1983), "Conflict and Power-Dependence Relations in Retailer-Supplier Channels", *Journal of Retailing*, 59(Winter), 363-92.

Brown, James R., Robert F. Lusch, and Harold F. Koening(1984), "Environmen-tal Uncertainty Regarding Inventory Ordering", *International Journal of Physical Distribution and Materials Management*, 14(3), 19-36.

Buchanan, Lauranne(1992), "Vertical Trade Relationships: The Role of Dependence and Symmetry in Attaining Organizational Goals", *Journal of Marketing Research*, 29(February), 65-75.

Cannon, Joseph P. and William D. Perreault Jr.(1999), "Buyer-Seller Relation-ships in Business Markets", *Journal of Marketing Research*, 36(November), 439-60.

Cannon, Joseph P., Ravi S. Achrol, and Gregory T. Gundlach(2000), "Contracts, Norms, and Plural Form Governance", *Journal of the Academy of Marketing Science*, 28(2), 180-94.

Celly, Kirti Sawhney and Gary L. Frazier(1996), "Outcome-Based and Behavior-Based coordination Efforts in Channel Relationships",Journal of Marketing Research, Vol.33.(2), 200-10.

Conner, Kathleen R.(1991), "A Historical Comparison of Resource-Based Theory and Five Schools of Thought Within Industrial Organization Econo-mics: Do We Have a New Theory of the Firm?" *Journal of Management*, 17(March), 121-54.

Dahl, Robert A.(1957), "The Conception of Power", *Behavioral Science*, 2(July), 201-18.

Day, George S.(1995), "Advantageous Alliances", *Journal of the Academy of Marketing Science*, 23(4), 297-300.

Dutta, Shantanu, Jan B. Heide, and Mark Bergen(1999), "Vertical Territory

Restrictions and Public Policy: Theories and Industry Evidence", Journal of Marketing, Vol.63(October), 121-34.

Dwyer, F. Robert and Orville C. Walker(1981), "Bargaining in an Asymmetrical Power Structure", *Journal of Marketing*, 45 (Winter), 104-15.

Dwyer, F. Robert and Sejo Oh(1987a), "Output Sector Munificence Effects on the Internal Political Economy of Marketing Channels", *Journal of Marketing Research*, 24(November), 347-58.

Dwyer, F. Robert and Sejo Oh(1987b), "The Consequences of Intertype Competition on Retail and Interfirm Behavior", in Educators' Conference Proceedings,(Chicago: American Marketing Association), 23-28.

Dwyer, F. Robert, and M. Ann Welsh(1985), "Environmental Relationships of the Internal Political Economy of Marketing Channels", *Journal of Marketing Research*, 12(November), 397-414.

Dwyer, F. Robert, Paul Schurr, and Sejo Oh(1987), "Developing Buyer-Seller Relationships", *Journal of Marketing*, 51(April), 11-27.

Dwyer, F. Robert, Sejo Oh, and Sungil Kim(1995), "Interfirm Relationships in Korean Electric / Electronic Parts Industry", *KMA-AMA Conference Proceeding*,(May), 232-33.

Emerson, Richard M(1962), "Power-Dependence Relations", *American Sociological Review*, 27(February), 31-40.

Etgar, Michael(1977), "Channel Environment and Channel Leadership", *Journal of Marketing Research*, 14(February), 69-76.

Farrell, Joseph and Robert Gibbons(1995), "Cheap Talk About Specific Invest-ments",Journal of Law, Economics, and Organization, Vol.11(October), 313-34.

Ford, David(1990), *Understanding Business Markets: Interaction, Relationships, and Networks*. London: Academic Press.

Frazier, Gary L.(1983), "On the Measurement of Interfirm Power in Channels of Distribution",Journal of Marketing Research, Vol.20(May), 158-66.

Frazier, Gary L.(1999), "Organizing and Managing Channels of Distribution", *Journal of the Academy of Marketing Science*, 27(2), 226-40.

Frazier, Gary L. and John O. Summers(1984), "Interfirm Influence Strategies and Their Application within Distribution Channels" *Journal of Marketing* 48(Summer), 43-55.

Frazier, Gary L. and John O. Summers(1986), "Perceptions of Interfirm Power and Its Use within a Franchise Channel of Distribution", *Journal of Market-ing Research*, 23(May), 169-76.

Frazier, Gary L. and Raymond C. Rody(1991), "The Use of Influence Strategies in Interfirm Relationships in Industrial Product Channels", *Journal of Marke-ting*, 55(January), 52-69.

Frazier, Gary L., James D. Gill, and Sudhir H. Kale(1989), "Dealer Dependence Levels and Reciprocal Actions in a Channel of Distribution in a Developing Country",*Journal of Marketing*, 53(January), 50-69.

French, John R. P. and Bertram Raven(1959), "The Bases of Social Power", in *Studies in Social Power*, Dorwin Cartwright, ed., Ann Arbor: University of Michigan Press.

Ganesan, Shankar(1993), "Negotiation Strategies and the Nature of Channel Relationships", *Journal of Marketing Research*, 30(May), 183-203.

Ganesan, Shankar(1994), "Determinants of Long-Term Orientation in Buyer-Seller Relationships",Journal of Marketing, 58(April), 1-19.

Gaski, John F.(1984), "The Theory of Power and Conflict in Channels of Distribution", *Journal of Marketing*, 48(Summer), 9-29.

Gaski, John F.(1986), "Interrelations Among a Channel Entity's Power Sources: Impact of the Exercise of Reward and Coercion on Expert, Referent, and Legitimate Power Sources", *Journal of Marketing*

Research, 23(February), 62-77.

Gaski, John F. and John R. Nevin(1985), "The Differential Effects of Exercised and Unexercised Power Sourcees in a Marketing Channel", *Journal of Marketing Research*, 22(May), 130-42.

Gdyskens, Inge, Jan-Benedict E.M. Steenkamp, Lisa K. Scheer, and Nirmalya Kumar(1996), "The Effects of Trust and Interdependence on Relationship Commitment: A Trans-Atlantic Study", *International Journal of Research in Marketing*, 31(November), 516-32.

Glazer, Rashi and Allen M Weiss(1993), "Marketing in Turbulent Environments: Decision Processes and the Time-Sensitivity of Information", *Journal of Marketing Research*, 30(November), 509-21.

Goetz, Charles J. and Robert E. Scott(1981), "Principles of Relational Contract", *Virginia Law Review*, 67(September), 1089-150.

Granovetter, Mark(1985), "Economic Action and Social Structure: The Problem of Embeddedness",American Sociological Review, Vol.91(November), 481-510.

Grewal, Rajdeep and Ravi Dharwadkar(2002), "The Role of the Institutional Environment in Marketing Channels", *Journal of Marketing*, 66(July), 82-97.

Grewal, Rajdeep, James M. Comer, and Raj Mehta(2001), "An Investigation into the Antecedents of Organizational Participation in Business-to-Business Electronic Markets", *Journal of Marketing*, 65(July), 17-33.

Guiltinan, Joseph P.(1974), "Planned and Evolutionary Changes in Distribution channels", *Journal of Retailing*, 50(Summer), 79-91, 103.

Gundlach, Gregory and Ernest Cadotte(1994), "Exchange Interdependence and Interfirm Interaction: Research in a Simulated Channel Setting", *Journal of Marketing Research*, 31(November), 516-32.

Gundlach, Gregory and Patrick E. Murphy(1993), "Ethical and Legal Founda-tions of Relatonal Marketing Exchanges", *Journal of Marketing*, 57(October), 35-46.

Gundlach, Gregory, Ravi Achrol, and John Mentzer(1995), "The Structure of Commitment in Exchange", *Journal of Marketing*, 59(January), 78-92.

Hakansson, Hakan and Bjorn Wootz(1979), "A Framework of Industrial Buying and Selling", *Industrial Marketing Management*, 8, 28-39.

Hakansson, Hakan and Bjorn Wootz(1982), *International Marketing and Purchasing of Industrial Goods: An Interaction Approach*, Chichester, England: Wiley.

Hallen, Lars, Jan Johanson, and Nazeem Seyed-Mohamed(1991), "Interfirm Adaptation in Business Relationships", *Journal of Marketing*, 55(April), 29-37.

Heide, Jan B.(1994), "Interorganizational Governance in Marketing Channels", *Journal of Marketing*, 58(January), 71-85.

Heide, Jan B. and George John(1988), "The Role of Dependence Balancing in Safeguarding Transaction-Specific Assets in Conventional Channel", *Journal of Marketing*, 52(January), 20-35.

Heide, Jan B. and George John(1990), "Alliances in Industrial Purchasing: The Determinants of Joint Action in Buyer-Supplier Relationships",*Journal of Marketing Research*, 27(February), 24-36.

Heide, Jan B. and George John(1992), "Do Norms matter?" Journal of Marketing, Vol.56(April), 32-44.

Homans, George C.(1958), "Social Behavior as Exchange", *Americal Journal of Sociology*, 63(may), 597-606.

Houston, Franklin S. and Jule B. Gassenheimer(1987), "Marketing and Exchange", *Journal of Marketing*, 51(October), 3-18.

Hunt, Shelby D.(1974), "Power in Channels of Distribution: Sources and

Conse-quences", *Journal of Marketing Research*, 11(May), 186-93.

Hunt, Shelby D.(1976), "The Nature and Scope of Marketing", *Journal of Marketing*, 40(July), 17-28.

Hunt, Shelby D. and John R. Nevin(1974), "Power in a Channel of Distribution: Sources and Consequences", *Journal of Marketing Research*, 11(May), 186-93.

Hunt, Shelby D., Nina M. Ray, and Van R. Wood(1985), "Behavioral Dimensions of Channels of Distribution: Review and Synthesis", *Journal of the Academy of Marketing Science*, 13(2), 1-24.

Hutt, Michael D., Michael P. Mokwa, and Stanley J. Shapiro(1986), "The Politics of Marketing: Analyzing the Parallel Political Marketplace", Journal of Marketing, Vol.50(January), 40-51.

Jap, Sandy D. and Shankar Ganesan(2000), "Control Mechanisms and the Relationship Life Cycle: Implications for Safeguarding Specific Investments and Developing commitment", *Journal of Marketing Research*, 37(May), 227-45.

John, George(1984), "An Empirical Investigation of Some Antecedents of Opportunism in a Marketing Channel", *Journal of Marketing Research*, Vol.21(August), 278-89.

John, George and Barton A. Weitz(1988), "ForwardIntegration into Distribution: An Empirical Test of Transaction Cost Analysis", *Journal of Law, Econo-mics, and Organization*, Vol.4(2), 337-55.

John, George and Barton A. Weitz(1989), "Salesforce Compensation: An Empirical Investigation of Factors Related to Use of Salary Versus Incentive Compensation", *Journal of Marketing Research*, 26(February), 1-14.

Johnson, Jean L., Joseph A. Cote, and Naoto Onzo(1993), "The Exercise of Interfirm Power and Its Repercussions in U.S.-Japanese Channel

Relationships", *Journal of Marketing*, 57(April), 1-10.

Kale, Sudhir(1986), "Dealer Perceptions of Manufacturer Influence Strategies in a Developing Country", *Journal of Marketing Research*, 23(Fall), 387-93.

Kalwani, Manohar U. and Narakesari Narayandas(1995), "Long-Term Manufac-turer-Supplier Relationships: Do They Pay Off for Supplier Firms?" *Journal of Marketing*, 59(January), 1-16.

Kelley, H. H.(1983), "The Situational Origins of Human Tendencies: A Further Reason for the Formal Analysis of Structures", *Personality and Social Psychology Bulletin*, 9(March), 8-30.

Kelley, H. H. and J. W. Thibaut(1978), *Interpersonal Relations: A Theory of Interdependence*. New York: Wiley.

Kim, Keysuk(2000), "On Interfirm Power, Channel Climate, and Solidarity in Industrial Distributor-Supplier Dyads", *Journal of the Academy of Marketing Science*, 28(3), 388-405.

Klein, Saul, Gary L. Frazier, and Victor J. Roth(1990), "A Transaction Cost Analysis Model of Channel Integration in International Markets", *Journal of Marketing Research*, Vol.27(may), 196-208.

Kotler, Philip(1972), "A Generic Concept of Marketing", *Journal of Marketing*, 36(April), 46-54.

Kotler, Philip(1984), *Marketing Management: Analysis, Planning and Control*, Englewood Cliffs, NJ: Prentice-Hall, Inc.

Kumar, Nirmalya, Lisa K. Scheer, and Jan-Benedict E.M. Steenkamp(1998), "Interdependence, Punitive Capability, and the Reciprocation of Punitive Actions in Channel Relationships", *Journal of Marketing Research*, 35(May), 225-35.

Lambe, C. Jay, C. Michael Wittman, Robert E. Spekman(2001), "Social Exchange Theory and Research on Business-to-Business Relational

Exchange", *Journal of Business to Business Marketing*, 8(3), 1-36.

Lawler, Edward J.(1986), "Bilateral Deterrence and Conflict Spiral: A Theoretical Analysis", in *Advances in Group Process*, Edward J. Lawler, ed. Greenwich. CT: JAI Press, 107-30.

Leblebici, Huseyin and Gerald R. Salancik(1981), "Effects of Environmental Uncertainty on Information and Decision Process in Banks", *Administrative Science Quarterly*, 26(December), 578-96.

Lusch, Robert F. and James R. Brown(1996), "Interdependency, Contracting, and Relational Behavior in Marketing Channels", *Journal of Marketing*, 60(October), 19-38.

Macneil, Lam(1980), The New Social Contract, An Inquiry Into Modern Contractual Relations, New Havan, CT: Yale University Press.

Mahoney, Joseph T. and J. Rajendran Pandian(1992), "The Resource-Based View Within the Conversation of Strategic Management", *Strategic Management Journal*, 13(Jun), 363-80.

McAlister, Leigh, Max H. Bazerman, and Peter Fader(1986), "Power and Goal Setting in Channel Negotiations", *Journal of Marketing Research*, 23(August), 228-36.

McDonald, Gerald W.(1981), "Structural Exchange and Marital Interaction", *Journal of Marriage and the Family*,(November), 825-39.

Mohr, Jakki and John R. Nevin(1990), "Communication Strategies in Marketing Channels: A Theoretical Perspective", *Journal of Marketing*, October, 36-51.

Molm, Linda D.(1989), "Punishment Power: A Balancing Process in Power-Dependence Relations", *American Journal of Sociology*, 94(6), 1392-418.

Molm, Linda D., Gretchen Peterson, and Nobuyuki Takahashi(1999), "Power in Negotiated and Reciprocal Exchange", *American Sociological Review*,

64(December), 876-90.

Moorman, Christine, Rohit Deshpande and Gerald Zaltman(1993), "Factors Affecting Trust in Market Relatinships", *Journal of Marketing*, 57(January), 81-101.

Morgan, Robert M. and Shelby D. Hunt(1994), "The Commitment-Trust Theory of Relationship Marketing", *Journal of Marketing*, 58(July), 20-38.

Murry, John P. Jr, Jan B. Heide(1998), "Managing Promotion Program Particip-ation within Manufacturer-Retailer Relationships", *Journal of Marketing*. 62(January), 58-68.

Nevin, John R.(1995), "Relationship Marketing and Distribution Channels: Exploring Fundamental Issues", *Journal of the Academy of Marketing Science*, 23(4), 327-34.

Noordewier, Thomas G., George John, and John R. Nevin(1990), "Performance Outcomes of Purchasing Arrangements in Industrial Buyer-Vendor Relationships", *Journal of Marketing*, 54(October), 80-93.

Oh, Sejo, F. Robert Dwyer, and Robert Dahlstrom(1990), "External Influences on Channel Relationships: Lessons from a Negotiation Lab", *Advances in Distribution Channel Research*,(Greenwich: JAI Press, Inc.), 47-91.

Pfeffer, Jeffrey and Gerald R. Salancik(1978), *The External Control of Organizatioons*, New York: Harper & Row Publishers, Inc.

Pondy, Louis R.(1970), "Toward a Theory of Internal Resource Allocation", in *Power in Organizations*, Mayer N. Zald, ed. Nashville, TN: Vanderbilt University Press, 270-311.

Popper, Karl R.(1959), *The Logic of Scientific Discovery*. New York: Harper and Row.

Provan, Keith G. and Steven J. Skinner(1989), "Interorganizational Dependence and Control As Predictors of Opportunism in Dealer-Supplier

Relations", *Academy of management Journal*, 32(March), 202-12.

Rindfleish, Aric and Jan B. Heide(1997), "Transaction Cost Analysis: Past, Present, and Future Applications", *Journal of Marketing*, 61(October), 30-54.

Roering, Ken(1977), "Bargaining in Distribution channels", *Journal of Business Research*, 5(March), 15-26.

Rubin, Jeffrey Z. and Bert R. Brown(1975), *The Social Psychology of Bargaining and Negotiation.* New York: Academic Press.

Scott, W. Richard(1981), *Organizations: Rational, Natural and Open Systems.*Englewood Cliffs, NJ: Prentice-Hall, Inc.

Sheth, Jagdish N. and Atul Parvatiyar(1995), "Relationship Marketing in Consumer Markets: Antecedents and Consequences", *Journal of the Academy of Marketing Science*, Vol.23, No.4, 255-71.

Simchi-Levi, David, Philip Kaminsky, Edith Simchi-Levi(2000), *Designing and Managing the Supply Chain*, 121-43.

Simon, Herbert(1953), "Notes on the Observation and Measurement of Political Power", *Journal of Politics*, 15(November), 500-16.

Staw, M. Barry and Eugene Szwajkowski(1975), "The Scarcity-Munificence Component of Organizational Environments and the Commission of Illegal Acts", *Administrative Science Quarterly*, 20(September), 345-54.

Stern, Louis W. and Adel I. El-Ansary, and Anne T. Coughlan(1996), *Marketing Channels*, 5th ed., Prentice Hall.

Stern, Louis W. and Torger Reve(1980), "Distribution Channels as Political Economies: A Framework for Comparative Analysis", *Journal of Marketing*, 44(Summer), 52-64.

Stump, Rodney L and Jan B. Heide(1996), "Controlling Supplier Opportunism in Industrial Relationships", *Journal of Marketing Research*, 33(November), 431-41.

Thibaut, John W. and Harold H. Kelley(1959), *The Social Psychology of Groups.*
New York: John Wiley & Sons, Inc.

Turnbull, Peter W. and Jean-Paul Valla(Eds)(1985), *Research in International Marketing.* London: Croom Helm.

Weiss, Allen M. and Erin Anderson(1992), "Converting from Independent to Employee Salesforces: The Role of Perceived Switching Costs", *Journal of Marketing Research*, 29(February), 101-15.

Weitz, Barton and Sandy Jap(1995), "Relationship Marketing and Distribution Channels", *Journal of the Academy of Marketing Science*, 23(Fall), 305-20.

Williamson, Oliver E.(1971), "The Vertical Integration of Production: Market Failure Considerations", *American Economic Review*, 61(May), 112-23.

Williamson, Oliver E.(1975), *Markets and Hierarchies: Analysis and Antitrust Implications.* New York: The Free Press.

Wilson, David T.(1995), "An Integrated Model of Buyer-Seller Relationships", *Journal of the Academy of Marketing Science*, 23(4), 335-45.

Zald, Mayer N.(1970), *Organizational Change: The Political Economy of the YMCA.* Chicago: University of Chicago Press.

⟨부록1⟩ 전문점 사장 설문지

화장품 전문점 의식조사

안녕하십니까? 저는 연세대학교 경영연구소의 김상덕 선임연구원입니다.

바쁘신 가운데 설문에 응해 주셔서 대단히 감사합니다.

본 설문조사는 제조업체 영업사원에 대한 전문점의 태도를 조사하고 있습니다. 본 설문조사를 통해 제조업체의 전문점에 대한 서비스 향상에 도움을 얻고자 합니다.

귀하께서 평소에 화장품 제조업체와 거래를 하실 때, 느끼셨던 점들을 있는 그대로 응답해 주시면 감사하겠습니다. 귀하께서 응답하신 의견은 익명으로 처리되며 상기의 연구목적 이외에 결코 다른 용도로 사용되지 않음을 약속 드립니다.

바쁘신 시간에 본 설문에 응해 주신 것을 다시 한번 감사 드립니다.

※ 설문과 관련된 기타 문의사항이 있으시면 연세대학교 경영연구소 김상덕 선임연구원에게 문의하여 주시기 바랍니다.

(전화: 2123-2514)

※ 다음은 귀 전문점이 영업활동을 수행하실 때 느끼시는 사업환경에 관한 질문들입니다. 귀하의 생각을 가장 잘 나타내는 항목에 O표를 해주십시오.

〔1〕 귀 전문점이 처하신 사업환경은 다음 사항별로 어떠하다고 생각하십니까?

수요부문 환경 불확실성	전혀 그렇지 않다	그렇지 않다	보통 이다	그렇다	매우 그렇다
1. 고객들의 구매량이 변화가 적고 안 정적이다	①	②	③	④	⑤
2. 우리가 하는 판매량 예측이 정확 하다	①	②	③	④	⑤
3. 고객들의 선호를 예측 가능하다	①	②	③	④	⑤

※ 다음은 귀 전문점에서 주로 거래하는 회사에 대한 귀하의 생각을 묻는 질문들입니다. *가장 많이 거래하시는 회사와 그 영업사원을 생각하시면서* 답해 주십시오.

〔2〕 귀 전문점은 주 거래 회사에 얼마나 의존하고 계십니까?

소매업체의 의존성	전혀 그렇지 않다	그렇지 않다	보통 이다	그렇다	매우 그렇다
1. 주 거래 회사와의 관계가 지속 되지 않으면 우리 전문점은 매 출 목표를 달성하기 어렵다	①	②	③	④	⑤
2. 주 거래 회사만한 회사는 찾기 힘들다	①	②	③	④	⑤
3. 우리 전문점은 주 거래 회사에 의존적이다	①	②	③	④	⑤
4. 주 거래 회사 말고는 좋은 거래 파트너가 없다	①	②	③	④	⑤

〔3〕 귀 전문점과 주 거래 회사는 다음 사항별로 얼마나 노력한다고 생각하십니까?

제조업체와의 협력	전혀 그렇지 않다	그렇지 않다	보통 이다	그렇다	매우 그렇다
1. 우리 전문점은 주 거래 회사 제품의 광고 활동을 도와 준다	①	②	③	④	⑤
2. 주 거래 회사는 우리 전문점의 광고활동을 도와 준다	①	②	③	④	⑤
3. 주 거래 회사는 반품 또는 소비자 피해 보상을 도와 준다	①	②	③	④	⑤
4. 주 거래 회사는 우리 전문점의 판촉활동을 도와 준다	①	②	③	④	⑤
5. 주 거래 회사는 우리 전문점의 재고관리를 도와 준다	①	②	③	④	⑤

〔4〕 귀 전문점의 주 거래 회사는 귀 전문점을 대할 때 어떻게 한다고 생각하십니까?

제조업체의 비강압적 영향전략	전혀 그렇지 않다	그렇지 않다	보통 이다	그렇다	매우 그렇다
1. 회사의 권유를 따를 때 우리 전문점에 이득이 될 수 있다는 것을 명확히 알려 준다	①	②	③	④	⑤
2. 제안을 할 때, 우리 전문점 영업이 잘 되게 하려는 목적이 분명하다	①	②	③	④	⑤
3. 그들이 권유하는 행동을 할 때 기대되는 사업상의 긍정적인 효과에 대한 청사진을 명확히 그려 준다	①	②	③	④	⑤
4. 그들이 제안한 특정 프로그램이나 행동들로부터 기대되는 성공에 대해 논리적인 근거를 제시해 준다	①	②	③	④	⑤
5. 회사가 가지고 있는 정보를 우리와 공유한다	①	②	③	④	⑤
6. 회사의 상품 및 마케팅 관련 비용 정보를 공유할 것이다	①	②	③	④	⑤
7. 상품개발 시 우리 전문점의 의견을 수용한다	①	②	③	④	⑤
8. 상품 공급에 관한 예측 정보를 공유한다	①	②	③	④	⑤

〔5〕 귀 전문점은 주 거래 회사와의 관계가 어떠하다고 생각하십니까?

소매업체의 결속	전혀 그렇지 않다	그렇지 않다	보통 이다	그렇다	매우 그렇다
1. 우리 전문점은 주 거래 회사와의 관계에 매우 몰입되어 있다	①	②	③	④	⑤
2. 주 거래 회사와의 관계는 우리 전문점에 매우 중요하다	①	②	③	④	⑤
3. 주 거래 회사와의 관계는 우리 전문점에 거의 중요하지 않다	①	②	③	④	⑤
4. 우리 전문점은 주 거래 회사와의 관계를 오랫동안 유지하려 한다	①	②	③	④	⑤
5. 주 거래 회사와 우리 전문점은 마치 가족과도 같다	①	②	③	④	⑤
6. 주 거래 회사와의 관계는 우리 전문점이 많은 관심을 갖고 있다	①	②	③	④	⑤
7. 주 거래 회사와의 관계 유지를 위해서 우 리 전문점은 최대한의 노력을 하는 것이 당연하다	①	②	③	④	⑤

끝까지 응답해 주셔서 감사합니다.

〈부록2〉 제조업체 영업사원 설문지

화장품 시판영업 경쟁력 강화를
위한 설문조사

안녕하십니까? 저는 연세대학교 경영연구소의 김상덕 선임연구원입니다.

바쁘신 가운데 설문에 응해 주셔서 대단히 감사합니다.

본 설문조사는 전문점에 대한 제조업체 영업사원의 태도를 조사하고 있습니다. 본 설문조사를 통해 전문점에 대한 영업전략 수립에 도움을 얻고자 합니다.

귀하께서 평소에 화장품 전문점과 거래를 하실 때, 느끼셨던 점들을 있는 그대로 응답해 주시면 감사하겠습니다. 귀하께서 응답하신 의견은 익명으로 처리되며 상기의 연구목적 이외에 결코 다른 용도로 사용되지 않음을 약속 드립니다.

바쁘신 시간에 본 설문에 응해 주신 것을 다시 한번 감사 드립니다.

※ 설문과 관련된 기타 문의사항이 있으시면 연세대학교 경영연구소 김상덕 선임연구원에게 문의하여 주시기 바랍니다.

(전화: 2123-2514)

※ 다음은 귀하가 영업활동을 수행하실 때 느끼시는 사업환경에 관한 질문들입니다. 귀하의 생각을 가장 잘 나타내는 항목에 O표를 해주십시오.

[1] 귀사가 처하신 사업환경은 다음 사항별로 어떠하다고 생각하십니까?

수요부문 환경 불확실성	전혀 그렇지 않다	그렇지 않다	보통 이다	그렇다	매우 그렇다
1. 고객들의 구매량이 변화가 적고 안정적이다	①	②	③	④	⑤
2. 지점의 판매량 예측이 정확하다	①	②	③	④	⑤
3. 고객들은 예측 가능하다	①	②	③	④	⑤

※ 다음은 앞서 언급했던 *XXX* 전문점에 대한 귀하의 생각을 묻는 질문들입니다. *반드시 일반적인 전문점이 아닌 그 전문점을 생각하시면서* 답해 주십시오.

[2] 귀 지점은 XXX 전문점에 얼마나 의존하고 계십니까?

제조업체의 의존성	전혀 그렇지 않다	그렇지 않다	보통 이다	그렇다	매우 그렇다
1. 그 전문점과 관계가 지속되지 않으면 우리 지점은 매출 목표를 달성하기 어렵다	①	②	③	④	⑤
2. 그 전문점만한 전문점은 찾기 힘들다	①	②	③	④	⑤
3. 우리 지점은 그 전문점에 의존적이다	①	②	③	④	⑤
4. 그 전문점 말고는 좋은 거래 파트너가 없다	①	②	③	④	⑤

〔3〕우리 지점과 XXX 전문점은 다음 사항별로 얼마나 노력한다고 생각하십니까?

소매업체와의 협력	전혀 그렇지 않다	그렇지 않다	보통 이다	그렇다	매우 그렇다
1. 우리 지점은 그 전문점의 광고 활동을 도와 준다	①	②	③	④	⑤
2. 그 전문점은 우리회사 제품의 광고활동을 도와 준다	①	②	③	④	⑤
3. 그 전문점은 우리지점의 소비자 피해 보상을 도와 준다	①	②	③	④	⑤
4. 그 전문점은 우리지점의 판촉활동을 도와 준다	①	②	③	④	⑤
5. 그 전문점은 우리지점의 재고관리를 도와 준다	①	②	③	④	⑤

〔4〕XXX 전문점은 우리 지점을 대할 때 어떻게 한다고 생각하십니까?

소매업체의 비강압적 영향전략	전혀 그렇지 않다	그렇지 않다	보통 이다	그렇다	매우 그렇다
1. 그 전문점의 권유를 따를 때 우리 지점에 이득이 될 수 있다는 것을 명확히 알려 준다	①	②	③	④	⑤
2. 그 전문점은 제안을 할 때, 우리 지점의 영업이 잘 되게 하려는 목적이 분명하다	①	②	③	④	⑤
3. 그 전문점이 권유하는 행동을 할 때 기대되는 사업상의 긍정적인 효과에 대한 청사진을 명확히 그려 준다	①	②	③	④	⑤
4. 그 전문점이 제안한 특정 프로그램이나 행동들로부터 기대되는 성공에 대해 논리적인 근거를 제시해 준다	①	②	③	④	⑤
5. 그 전문점이 가지고 있는 정보를 우리와 공유한다	①	②	③	④	⑤
6. 그 전문점의 상품 및 마케팅 관련 비용 정보를 공유할 것이다	①	②	③	④	⑤
7. 상품판매 시 우리 지점의 의견을 수용한다	①	②	③	④	⑤
8. 상품판매에 관한 예측 정보를 공유한다	①	②	③	④	⑤

〔5〕 귀 지점은 XXX 전문점과의 관계가 어떠하다고 생각하십니까?

제조업체의 결속	전혀 그렇지 않다	그렇지 않다	보통 이다	그렇다	매우 그렇다
1. 우리 지점은 그 전문점과의 관계에 매우 몰입되어 있다					
2. 그 전문점과의 관계는 우리 지점에 매우 중요하다	①	②	③	④	⑤
3. 그 전문점과의 관계는 우리 지점에 거의 중요하지 않다(r)					
4. 우리 지점은 그 전문점과의 관계를 오랫동안 유지하려 한다	①	②	③	④	⑤
5. 그 전문점과 우리 지점은 마치 가족과도 같다	①	②	③	④	⑤
6. 그 전문점과의 관계는 우리 지점이 많은 관심을 갖고 있다					
7. 그 전문점과의 관계 유지를 위해서 우리 지점은 최대한의 노력을 하는 것이 당연하다	①	②	③	④	⑤

끝까지 응답해 주셔서 감사합니다.

김상덕(金相德)

• 약력 •

연세대학교 상경대학 경영학과 졸업
연세대학교 대학원 경영학 석사(마케팅)
연세대학교 대학원 경영학 박사(유통)
태평양 화장품사업부 마케팅기획팀 대리
삼성전자 유통연구소 과장
연세대학교 경영연구소 전문연구원
한국유통연구원 부원장
경남대학교 경영학부 교수

• 연구논문 •

선행적 대응을 통한 새로운 시장개척 사례 (㈜태평양 이니스프리 성
　공사례) (2001, 한국마케팅저널, 한국마케팅학회)
화장품의 온라인 유통경로 현황과 시사점 (2002, 유통비지니스리뷰,
　한국유통학회)
프랜차이즈 본부와 가맹점 간의 결속이 가맹점의 매출에 미치는 영
　향 (2003, 연세경영연구, 연세경영학회)
관계기간에 따른 통제기제 및 관료화가 프랜차이즈 가맹점의 결속과
　관계만족에 미치는 영향 (2003, 유통연구, 한국유통학회)
A Comparative Study on Competitor Strategies of Foreign and
　Local Discount Stores in Korea(2003, University of Oxford)
화장품 전문점 유통경로의 경쟁력 강화 방안 (2003, 경영교육연구,
　한국경영학회)
저결속 구매자-판매자 관계에서 관계해지의 완화요인과 촉진요인
　(2004, 유통연구, 한국유통학회)
수요부문 환경 불확실성이 제조업체와 소매업체 간 관계특성과 관계
　의 질에 미치는 영향 (2005, 경영학연구, 한국경영학회)
모바일 서비스 공급업체와 컨텐츠 제공 파트너 간의 전략적 성과에
　영향을 미치는 관계특성 변수에 관한 연구 (2005, 텔레커뮤니케이
　션즈리뷰, SK Telecom)

환경의 동태성이 유통업체의 신뢰와 결속에 미치는 영향 : 수직적
　　통합의 조정 효과(2005, 산업경영, 경남대학교 산업경영연구소)
프랜차이즈 본부의 의사소통 전략이 가맹점의 결속과 매출에 미치는
　　영향(2005, 서비스경영학회지, 한국서비스경영학회)
힘의 불균형과 상호의존성이 제조업체의 소매업체에 대한 영향전략
　　에 미치는 영향－관계기간의 조절효과를 중심으로(2006, 마케팅관
　　리연구, 한국마케팅관리학회)
수요부문 풍요성과 동태성이 유통경로 성과에 미치는 영향: 수직적
　　통합의 조절효과(2006, 유통연구, 한국유통학회)
프랜차이즈 본부의 지배형태가 가맹점의 결속에 미치는 영향: 관계
　　수명주기의 조절효과(2006, 산업경제연구, 한국산업경제학회)
환경 동태성이 프랜차이즈 시스템의 통제기제와 관계의 질에 미치는
　　영향(2006, 대한경영학회지, 대한경영학회)
다채널 전략이 소매업체 충성도에 미치는 영향: 화장품 산업을 중심
　　으로(2006, 서비스경영학회지, 한국서비스경영학회)
정보시스템 도입에 따른 변화관리 사례 연구: 대법원 변화관리 프로
　　젝트를 중심으로(2006, Information Systems Review, 한국경영
　　정보학회)
첨단산업의 환경 동태성이 공급업체의 수익성과 결속에 미치는 영향
　　(2006, 대한경영학회지, 대한경영학회)

• 저서 •
(역서 및 공저
포함)

미래를 바꾸는 ECR.SCM 경영혁명(2001, 중앙경제평론사)
中國・アジアの小賣業革新(2003, 日本經濟新聞社)
日韓小賣業の新展開(2003, 千倉書房)
한일소매유통전쟁(2003, 중앙경제평론사)
시장지향적 유통관리(2006, 박영사)
손에 잡히는 유통실무 완전정복(2006, 중앙경제평론사)

불확실성 하에서의 관계관리

• 초판 인쇄	2007년 2월 15일
• 초판 발행	2007년 2월 15일
• 지 은 이	김상덕
• 펴 낸 이	채종준
• 펴 낸 곳	한국학술정보㈜
	경기도 파주시 교하읍 문발리 526-2
	파주출판문화정보산업단지
	전화 031) 908-3181(대표) · 팩스 031) 908-3189
	홈페이지 http://www.kstudy.com
	e-mail(출판사업부) publish@kstudy.com
• 등 록	제일산-115호(2000. 6. 19)
• 가 격	9,000원

ISBN   978-89-534-6378-3 93320 (Paper Book)
       978-89-534-6379-0 98320 (e-Book)